SHODENSHA
SHINSHO

60代の論語

――人生を豊かにする100の言葉

齋藤 孝

祥伝社新書

本書は、二〇一三年に海竜社より刊行された『60代の論語』を加筆・修正のうえ、新書化したものです。

はじめに——
『論語』の言葉を通して骨太な人生を再構築する

六十歳の坂を過ぎるころ、見える風景が少なからず変わってくるでしょう。これまで急な山道を遮二無二登ってきた身としては、いきなり登るべき道がなくなったようで、ちょっと調子が狂ってしまうかもしれません。

けれども見方を変えれば、生き方を転換したり、微調整したりするのにちょうどいい時期だということです。

「さて、これからはどう生きていこうか」ふと立ち止まったとき、ぜひとも『論語』を手に取っていただきたいと思います。いままでの人生を孔子《こうし》の言葉を通して振り返りながら、同時に新たな人生の道のりが見えてくると思います。

たとえば**「朝《あした》に道《みち》を聞《き》きては、夕《ゆう》べに死《し》すとも可《か》なり」**という有名な言葉があります。これはつまり、君子——徳の高い立派な人物になるよう人格を成熟させていくこと自体を生きる楽しみとすることを意味します。やや抽象的な感じがするかもしれませんが、向上心をもって教養を高めていくことが楽しいとか、若い世代を導きながら共に学ぶことに生きがいを感じるとか、六十歳ともなればそれが何となく豊かな生き方だとわかるのではないでしょうか。

『論語』には、「いろいろ経験を積んで、この年になったからこそわかる」言葉が豊富に収められています。おそらく、孔子自身が老いにさしかかった時期に、門弟たちに語った言葉だからでしょう。その意味では、若いころのように弟子の立場で教えを受けるというよりも、孔子に自分を重ね合わせて『論語』を読むのもいい。本書ではその観点から、味わい深い言葉をセレクトしています。

またもう一つの関わり方として、みなさんには子や孫の世代に対して、『論語』の語り部《かたりべ》的な存在にもなっていただきたいと思います。かつて『論語』は、祖父母が孫に教える場合も多く、湯川秀樹《ゆかわひでき》の自伝『旅人』にも祖父から『論語』の素読《そどく》を指導される場面が書かれています。親の世代は何かと忙しいけれど、祖父母なら時間的・精神的な余裕がありますから、ピッタリの役回りでしょう。

日本は世界の中でも一番、『論語』の精神が浸透している国だと、私は考えています。『論語』を精神の拠《よ》り所に、あるいは倫理観の柱としてきたからこそ、穏やかにして芯の強い国民性が醸成されたとも言えます。

六十歳を過ぎたこれからは、孔子の言葉を通して骨太な人生を再構築するとともに、次世代に『論語』の精神を伝えていくことを、一つの使命としていただければと思います。それが「六十代の『論語』の読み方」としてはベストだと、私は思います。

私は、一九六〇（昭和三十五）年十月の生まれですので、この新書が世に出るときは、六十一歳です。五十代と六十代では、心のあり方が変わったように感じます。「還暦」は、まさに一めぐりで、初心に還る気がしました。「人生一めぐりしたなぁ」と思うと、肩の力が抜けます。考える内容自体に大きな変化はなくとも、精神の余裕が生まれた気がします。

いわば、「精神の余白」です。水墨画で余白が重んじられるように、「人生にすべてを描き込まなくてもいいんだ」という「余白主義」が感覚として生まれました。

『論語』の名言は、情報過多の時代に「精神の余白」をもたらすものと思っています。

齋藤 孝

目次

2章 一つの価値観を貫く

17 必ず自分で調べ考えること（衛霊公第十五 二八） 67
18 心の中にある志を奪うことは、誰にもできない（子罕第九 二六） 70
19 「義」にしたがって行動する（里仁第四 一〇） 73
20 古えを好んで、ひたすら道理を求めてきた（述而第七 一九） 76

3章 敬愛される年配者になる

4章 次世代を導く

5章

「君子」を目指す

付章　人生をより豊かにする『論語』のことば　プラス50

本文DTP　アルファヴィル・デザイン

1章
学びが頭と心を柔らかくする

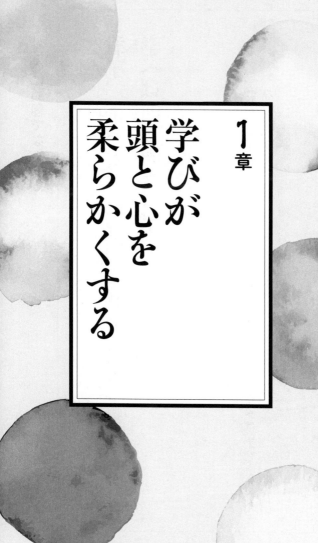

1　学べば頑固でなくなる

君子《くんし》、重《おも》からざれば則《すなわ》ち威《い》あらず。学《まな》べば則《すなわ》ち固《こ》ならず。

（学而《がくじ》第一　八）

【訳】　君子は中身に重厚さがなければ、威厳がない。学べば頑固でなくなる。

心を柔らかくするために学ぶ

何のために学ぶか。かつては、「学ぶことによって人格を陶冶《とうや》する」という答えが主でした。しかし、現在は経済的な目的で学ぶことが増えました。若いうちは学びの目的を「知識が増えて楽しい」「仕事や生活の役に立つ」といったことに求めていたと思いますが、六十歳を過ぎたら人格勝負。**「学《まな》べば則《すなわ》ち固《こ》ならず」**をキーフレーズにしていただきたいと思います。

人は年々、かたくなる

六十歳前後になると、たいていの人が「ちょっとかたくなってきたな」と感じるようになるのではないかと思います。とくに体のかたさは、自覚しやすいものでしょう。たとえば赤ちゃんは、寝ているときに軽く足を揺すってやると、首までコロコロ揺れます。ところが大人になるにしたがってだんだん揺れなくなり、六十代・七十代になるとガッチガチです。

一方、心のかたさは、弱点として自覚することが比較的難しいようです。ただ、体が柔らかくなると、心がしなやかになることもあります。生活にストレッチやヨガなどを取り入れるのもいい。自然と心のかたさが取れていくような変化が楽しめます。コツはゆっくり息を吐きながら、ゆるめること。

心を若くする学び

これまでいろんなことを学び、経験してきた中高年の方は、それがある種の自信になって「変える必要はない」という頑《かたく》なさに変じてしまうことが多いものです。たとえば音楽の趣味一つとっても、嗜好《しこう》やセンスは三十代くらいまでにかたまり、昔レコードで聴いていた曲をCDで買いなおしたりする。そのこと自体は悪くはないのですが、新しいものを聴いてみることが面倒になってくると、学ぶ意欲が衰えます。結果、自分自身をかたい殻のなかに閉じ込めてしまうことになるのです。「あ、かたまってるな」と感じたら、気分として一度過去に積み上げたものを取り払う。そうしてまっさらな気持ちで、優れた先人の教えを虚心坦懐《きょしんたんかい》に学ぶと、若者のように素直で柔らかな心が取り戻せます。

ですから「六十代からの読書は素直になるために読むんだ」というふうに考えてください。読書の領域を思いきって広げてみる。そんな読書は「心を若くする学び」でもあるのです。

2 「学を好む」人とは？

君子《くんし》は食飽《しょくあ》かんことを求《もと》むること無《な》く、居安《きょやす》からんことを求《もと》むること無《な》し。事《こと》に敏《びん》にして言《げん》に慎《つつ》しみ、有道《ゆうどう》に就《つ》きて正《ただ》す。学《がく》を好《この》むと謂《い》うべきのみ。

（学而《がくじ》第一　一四）

【訳】　君子は食べることに貪欲《どんよく》でなく、住まいにもこだわらない。仕事を迅速にこなし、余計なことを言わない。そして、道理をわきまえている人に学び、自らを正す。こうした人は「学を好む」と言えよう。

後半生の目標を「君子の心持ち」に置く

孔子の言う「君子像」。これを求めることは、六十代以降の人生の一つの目標にふさわしいと思います。というのも六十歳くらいになると、仕事人生も一段落。熾烈《しれつ》な競争にもまれることは少なくなり、家庭においても子育てが終わるなど、人生が落ち着いてくるからです。「後半生の目標は?」と問われて、「君子の心持ちで生きていきたい」と答えられたら、なかなかかっこいいのではないでしょうか。

バランスのとれた人格を目指す

君子の条件として「中庸《ちゅうよう》の徳」を身につけていることがあります。これは六十代の人にとって比較的獲得しやすいものでしょう。

中庸とは、極端ではない、ちょうどバランスのいいところ。経験値の高い六十代の人なら、自分の感覚でそのポイントがわかっています。たとえば食事やお酒の量でも、「ここまで飲み食いしたら体を壊すな。かといって少量すぎると、欲求不満でイライラしてくる。ちょうどいいのはこのくらいだな」というのがわかります。仕事や家庭サービスなどにおいても、自分だけでなく周囲のみんなもご機嫌でいられるように加減することが可能になるでしょう。

欲はあっても若いときほどではなく、比較的落ち着いてきたなかでバランスをとりながら行動する。そういうことがムリなくできるようになるにつれて、孔子の言う「君子像」に少しずつ近づけるような気がします。

仕事の第一線から退《しりぞ》いたときに、初めて見えてくる景色というものがあるでしょう。そのなかでぜひ、君子たるバランスのとれた人格を目指してください。

自分の行動を〝作品化〟していく

ここで孔子はまた「学を好む」という言い方をしています。これは「正しい道を踏み行なうことが学問である」ことを意味します。本を読んだり、先生の話を聞いたりするだけではなく、それによって得た知識を自分の行動に生かすことを含みます。だから孔子は、門人の顔回《がんかい》の、欲を捨てて一心に自分を律することを学んだ姿を高く評価したのです。

学問の目指すところは、生き方そのものを立派な作品にしていくこと。学ぶことの成果を、「自分の行動・人生を〝作品化〟する」ことに求めるのが、「六十代の論語」です。

3 六十歳で人の言葉を素直に聞けるようになった

吾《わ》れ十有五《じゅうゆうご》にして学《がく》に志《こころざ》す。三十《さんじゅう》にして立《た》つ。四十《しじゅう》にして惑《まど》わず。五十《ごじゅう》にして天命《てんめい》を知《し》る。六十《ろくじゅう》にして耳《みみ》順《した》がう。七十《しちじゅう》にして心《こころ》の欲《ほっ》する所《ところ》に従《したが》って、矩《のり》を踰《こ》えず。

（為政《いせい》第二　四）

【訳】　私は十五歳で学問に志した。三十歳で独り立ちした。四十歳になって迷わなくなり、五十歳で天命を知った。六十歳で人の言葉を素直に聞けるようになり、七十歳で思ったことを自由にやっても道を外《はず》すことがなくなった。

改めて「聞く」行為に磨きをかける

これは非常に有名な言葉ですが、知っているのは「五十にして天命を知る」ところまで、という人が意外に多いのではないでしょうか。すでに六十歳を迎えた方にとっては、六十以降の言葉が大切です。

人の話に耳を傾ける時間を持つ

年をとって依怙地《いこじ》になる人のことはよく聞きますが、逆の例はあまり耳にしません。それは、いまの自分に自信を持っていることの裏返しなのか、逆に自信がないせいなのか、若いときより人の話を聞かなくなるケースが多い。

そういったことがあるなかで、孔子が**「六十にして耳順《みみした》がう」**としたのは、さすがの一言です。孔子はこの言葉に、「六十にもなると、依怙地になりがちだから、その頑固な塊を人の話に耳を傾《かたむ》けることで溶かして、老いるほどに素直さを取り戻すのがよい生き方だ」というメッセージを込めたのではないでしょうか。

不思議なもので、努めて人の話を聞くようにすると、頑《かたく》なに閉ざされていた心の扉が自然と開かれます。それが「学びの窓」を開くことにもつながるのです。しかも人の話に耳を傾ける時間があると、心が落ち着きます。素直に、相手の話に対して笑顔で「そうそう」とうなずく練習が効果的です。

若い人が好む世界に入ってみる

たとえば本を読むとき、「好きな作家のものしか読まない」となると、そこで自分の世界が閉じてしまいます。ときには若い人の間で流行《はや》っている伊坂幸太郎《いさかこうたろう》さんとか森見登美彦《もりみとみひこ》さんなどの小説を読んでみるとか、これまで読んだことのないジャンルの作品にトライしてみるといったことをするといいでしょう。私は海外ミステリーの年間ベスト10に素直に「耳順がって」、読んでいます。

そのときに、「こういうの、苦手なんだけどな」「自分には馴染《なじ》めそうもないんだけどな」というような否定的な気持ちで入ってはいけません。その人の描く世界を十分に味わわないうちに「やっぱり、おもしろくない」となってしまう可能性が高いからです。そうではなくて、「楽しんでみよう」という気持ちを持つ。そうすると、心が開かれますから、違った味わいが得られます。ちょっと心がこなれてくるんですね。そのこなれた感覚を学びのセンサーにすると、いままで知らなかったジャンルや作家の本にも食指が動くようにもなります。

またカラオケでも、同世代の友人が集まると、「あのころ」みたいな、自分が若いころに好きだった六〇年代・七〇年代のヒット曲を歌いたくなると思います。それも楽しいですが、たまには若い人と行って、自分の歌う曲を探すのはほどほどにして、彼らの歌う曲に聴き入ってみるのもいいでしょう。

たぶん、そのなかで「いいね、それ」と思う曲があるでしょうから、それを自分のレパートリーに加えると、新鮮な楽しさが味わえます。私もそうして、たとえばきゃりーぱみゅぱみゅさんの『つけまつける』という歌が好きになりました。語呂がおもしろくて、意外と自分の感覚にフィットするんですよね。「新しい曲も聴いてみるもんだな」と再認識しました。

六十を過ぎたら、楽しみごとを増やすのも大事なこと。読書やカラオケなどの娯楽分野においても「耳順がう」感覚を大事にしてください。

いろんなものの加減がわかってくるのが七十代

七十歳の「心の欲する所に……」についても触れておくと、たとえばテレビ番組でご一緒していた北野武《きたのたけし》さんは、非常に危《あぶ》ない話をするのですが、生放送にもかかわらず、矩をこえることはありません。生番組で言っていいことと悪いことのギリギリの線でおもしろいことを言う。それが自然にできているのです。

そういうのも「**矩《のり》を踰《こ》えず**」。これまでの経験からいろいろなものの加減がわかってきて、自由にやってもちゃんと枠におさまるわけです。武さんが六十代半ばにもう「矩を踰えず」の域に達したように、自由に行動しても嫌われない軽やかな七十代を目指したいものです。

4 朝に道がわかったら、晩に死んでもいい

（里仁《りじん》第四 八）

朝《あした》に道《みち》を聞《き》きては、
夕《ゆう》べに死《し》すとも可《か》なり。

【訳】 朝、正しく生きる道がわかったら、その日の晩に死んでもいい。

"追求ゾーン"に入る

幕末の志士はこの心境にあったでしょう。文字通り命がけ、場合によっては本当に切腹して果てる、そんな時代でしたから。いまはそこまでリアルに「死んでもいい」というような気持ちを感じにくいかもしれません。しかし孔子が言いたかったのは、「生きている限り、道を求める気持ちを強く持つ」ことの重要性でしょう。言い換えれば、道を追求することこそが人生の目標だ、ということです。

人生の幸福は何かを追求することにある

アリストテレスは『ニコマコス倫理学』のなかで、「善なるものを求め続ける」ことが幸福な生き方だとしています。これは、孔子の言葉とほぼ同義と言っていいでしょう。期せずして二千五百年前、東西で同じような生き方が一種の幸福論として提示されたわけです。

昔もいまも、欲の達成に幸福感を見出そうとする傾向があります。けれどもアリストテレスと孔子は「そうではない。何かを追求していくことにこそ喜びがある」としたのです。

追求する意思が寿命を延ばす？

たとえばチャールズ・チャップリンは、「あなたの最高傑作は何ですか」と問われると、決まって「ネクスト・ワン（次の作品）」と答えたそうです。「喜劇王」の異名をとる彼ほどの偉大な映画監督でも、まだ「もっといい作品」を追求していたのです。このように〝追求ゾーン〟に入った人は、飽《あ》きずに一つのことを続けていけます。六十歳を過ぎたら、その種の「どこまでいっても追求に終わりがない」ような楽しみごとを持つと幸福な日々が送れるのではないでしょうか。

一つの提案として、古典や芸術などの世界に深く足を踏み入れていただきたいと思います。たとえば「井原西鶴《いはらさいかく》を読んでみたい」「フェルメールの絵画を見に行きたい」というふうに、自ら出合いを求めていく。それも「これが読めたら、見られたら、いつ死んでもいい」くらいの強い気持ちで。そうすると、まだ出合っていないものが生きている間に出合いきれないほどたくさんあるので、「もっと、もっと」と生きる意思が延びていく可能性もあります。長命だった批評家の吉田秀和《よしだひでかず》さんは、セザンヌの諸作品を実際に見ることを生きがいとしていました。何かを追求している人は、わりと長生きできるものなのです。

5 私は、古えの聖人を信じ、古典を大切にしている

（述而《じゅつじ》第七　一）

述《の》べて作《つく》らず、信《しん》じて古《いにし》えを好《この》む。窃《ひそ》かに我《わ》が老彭《ろうほう》に比《ひ》す。

【訳】私は古えの聖人の言ったことを伝えるが、創作はしない。古えの聖人を信じ、古典を大切にしているのだ。かつて殷《いん》の時代に老彭という賢人がいて、古人の言ったことを信じて伝えたという。私はひそかに自分をこの老彭になぞらえている。

自分が尊敬できる先人を揃えていく

孔子は門人たちとの問答において、ライブですばらしい言葉をいくつも生み出しています。**「過《す》ぎたるは猶《な》お及《およ》ばざるが如《ごと》し」**とか**「遠《とお》き慮《おもんぱかり》なければ必《かなら》ず近《ちか》き憂《うれ》いあり」**など、日本ではその言葉の多くが諺《ことわざ》になっているほどです。

それはまさに「創作」に思えますが、孔子はたぶん「いや、自分でつくったのではない。昔から優れた人が言ってきたことなんだよ」と言うでしょう。

孔子ほどの人が「自分は創作しない」と明言するところに、おもしろさを感じます。

古代人の言葉は力強い

西洋に目を向けると、時代はぐんと新しくなりますが、ゲーテが孔子と似たようなことを言っています。当時のヨーロッパはちょうどロマン主義の時代に入り、個性や独自性を主張する表現が注目されていました。ところがゲーテは、「あんなのはちっぽけなものだ」とし、「もっと大きな本質的なもの、力強いものは古代にある。自分は芸術においても、ロマン主義のような病弱なものより、古代的なものを好む」と言っているのです。

ゲーテはおそらく、自分たちが創造するものは、過去に創造されたものの組み合わせにすぎないと考えたのでしょう。そこに気づくと、先人たちと自分とをつなぐラインができます。古典を学ぶ意味というものがわかってくるのです。

そこでおすすめしたいのは、自分の精神の系譜を紙に書いてみることです。子どものころに遡《さかのぼ》って、触れたことのある古典や歴史上の人物のなかから、自分に影響を与えたもの、興味をひかれるもの、何となく好きだなぁと感じるものなどをリストアップするのです。

たとえば「中国古典なら『三国志《さんごくし》』かな。日本文学で言えば『徒然草《つれづれぐさ》』が好きだったなぁ。絵画はなぜかゴッホにひかれる。音楽は何と言ってもモーツァルトだよ。歴史上の人物だと、真田幸村《さなだゆきむら》だね」といった具合に。

なかには「三人くらいしか浮かばない」と、自分の精神の系譜が意外と薄っぺらなことに気づく人がいるかもしれません。それでいいのです。要は、これから改めて古典を読み直し、自分の精神にぴったりくるものや人を見つければいいだけの話です。孔子にとっても尊敬できる先人がいたように、自分にとって尊敬できる先人を揃えていく。それが六十代からの学びなのです。

6 学問を修めるとは？

道《みち》に志《こころざ》し、徳《とく》に拠《よ》り、
仁《じん》に依《よ》り、藝《げい》に遊《あそ》ぶ。

【訳】 正しい〈道〉を志し、身につけた〈徳〉を拠《よ》りどころとし、私欲のない〈仁〉の心に沿って、礼・楽・射・御・書・数のような教養を楽しみ、その幅を広げる。学問を修めるとはそういうことだ。

（述而《じゅつじ》第七 六）

心の揺れ・乱れを『論語』の精神で支える

孔子らしい、非常にキレのいい言葉ですね。冒頭の「**道に志す**」のところだけでも紙に書くなどすると、それだけで身に気合いが満ちてきます。

生きていればどうしたって「心」が揺らいだり、塞《ふさ》いだり、乱れたりすることはあるでしょう。昔の人はそれを「道に志す」という「精神」で支えてきました。「心」の不安定を「精神」でカバーする。これが古来からの生きる知恵です。

初老期の鬱を迎え撃つ

精神や志というのは、気分のように日々変動するものではありません。心の状態やそのときどきの気分とは関係なく、常にビクともせずに継続してここにある精神そのものです。その精神が負の方向に揺れそうな心を支えてくれる。だから、心の状態が安定するわけです。

最近は「初老期の鬱《うつ》」という問題が深刻化していると言われています。定年退職したことによって生きがいを見失う、子どもたちが独立して家を離れたことによって喪失感に苛《さいな》まれる……、年齢によるさまざまな変化から、気分が鬱々としてしまう人が多いようです。

その一因は、心を支える「精神」が弱いことにありそうです。『論語』を読み、精神を養ってきた人は初老期にも揺れが少ないものです。『論語』には、初老期を迎えたときに「いよいよ人格を磨《みが》くときがきた」という思いを強くする効果があるように思います。

明確な目標として

この言葉はその象徴的なものでしょう。「自分は徳のある人物になろう。人に対してやさしく寛容な気持ちを持つ仁の人になろう。芸に遊ぼう」という気持ちになり、六十以降をゆるやかな時間のなかで過ごすことができます。

つまり、心が鬱にならないで、下を向かずにリタイア後の生活を楽しむ精神が維持されるのです。孔子はこの言葉を通して、六十以降のライフスタイルの形を示した、という見方もできます。

仕事や子育ての大変な時期が過ぎ、ぽっかり心に穴があいたところに、経済的な不安、老後への不安、死に対する不安など、いろんな不安が忍び寄ってくるのが六十代。そういう時期だからこそ、この言葉を明確な目標にするなどして、『論語』の精神を支えにするといいでしょう。

7 書を読み、師に聞いて学ぶほうがいい

吾《わ》れ嘗《かつ》て終日《しゅうじつ》食《く》らわず、終夜《しゅうや》寝《い》ねず、以《もっ》て思《おも》う。益《えき》なし。学《まな》ぶに如《し》かざるなり。

（衛霊公《えいれいこう》第十五　三一）

【訳】　私は前に、一日中食べず、一晩中眠らずに考え続けたことがあったが、得るものはなかった。それより書を読み、師に聞いて学ぶほうがいい。

一日をプラスにして終える

あれこれ考えごとをしていて、「あー、充実した楽しい時間を過ごせたなぁ」と思うことは、ほとんどないのではないでしょうか。孔子ほどの人が「飲まず食わずで一日中考えていたが、ムダだった」と言うのですから、私たちの考えごとが果たして有益なものかどうか、大きな疑問が残ります。

考えること自体は悪くはないが……

もちろん、「考えるな」とは言いません。考えることが有効な場合もあります。たとえば「フェルマーの定理を解《と》く」とか、数学者のような生産的な考えごとがあるなら話は別です。

ただ私たちがふだんの生活の中で考えごとをするときは、現実には同じ考えがぐるぐる回っているだけで、何も先に進まないことが多いものです。悩んだり、迷ったりすることがあるのなら、さっさと専門家に相談したほうが早いでしょう。

年をとると、人に相談することを億劫《おっくう》に思ったり、恥ずかしく感じたりする度合いが強くなるかもしれませんが、大事なのは問題を解決すること。あまり依怙地に「何とか自分で考えよう」とせず、さっさと相談するべき人に相談するのが精神衛生上もよろしいかと思います。

何かを学んだらヨシとする

気分が鬱気味になると、ぼんやり考えごとをする時間が多くなります。六十代以降はやるべきことが少なくなるので、そこが心配です。私も長い休みがあると、似た状態になります。最悪の場合、体調まで崩すことがあるので、暇のあることがいかに心身に悪い影響を与えるか、体験的に知っています。

そういうときに私は、講演を聞きに行ったり、テレビの教養番組を見たり、本を読んだり、何かためになることをして「今日はこれを学んだからヨシにしよう」というふうにしています。無益な考えごとに傾きそうな心を、前項の表現を借りるなら「芸に遊ぶ」ほうに沿わせてやるのです。

この方法はおすすめです。「今日はこんな新しいことを学んだから、収支はプラス」と、一日をプラスにして終えることができます。もやもやを抱えながら考えごとをしているより、新しい知識を獲得して満足するという生き方のほうが、ずっと元気が出ます。

8「知っている」には四つのレベルがある

（季氏《きし》第十六　九）

生《う》まれながらにしてこれを知《し》る者《もの》は上《かみ》なり。学《まな》びてこれを知《し》る者《もの》は次《つ》ぎなり。困《くるし》みてこれを学《まな》ぶは又《ま》た其《そ》の次《つ》ぎなり。困《くるし》みて学《まな》ばざる、民《たみ》斯《こ》れを下《しも》と為《な》す。

【訳】　生まれつきわかっている者は最上だ。その次は、学ぶことによって理解する者。行き詰まってからようやく学ぶ者はその次であり、それでも学ばない者は最低だ。

最上位の「知」を目指しながら、積極的に学ぶ

「知っている」ことのレベルを四つに分けているのが、おもしろいところ。そのなかの最上位は「生まれながらにして物知り」であることです。

孔子は物知りではない？

もっとも孔子は、自らがそうだとは言っていません。それは、次の言葉からよくわかります。**「吾《わ》れ少《わか》くして賤《いや》し。故《ゆえ》に鄙事《ひじ》に多能《たのう》なり**（私は若いとき身分が低かった。だから、つまらないことがいろいろできるようになったのだ）」

つまり、レベル的には二番目もしくは三番目に当たります。また物知りであることを自慢にしているわけでもありません。後に出てきますが、**「予《わ》れは一以《いつもつ》てこれを貫《つらぬ》く」**という言葉があって、多くを知っていることよりも、一つの道理に貫かれて行動することに重きを置いていることがうかがわれます。

ただ「生まれながらの物知り」というのを、「ある程度もののわかる年齢になると、自分が実際に経験した以外のこともわかるようになる」というふうに捉《とら》えてもいいのではないかと思います。

たとえばゲーテは、「自分はいちいち経験しなくても、子どものころからいろんなことがわかっていた」というようなことを言っています。その意味するところは、想像力があった、ということだと思うのです。

これは何も作家に限ったことではありません。人間の理解力は、そこに想像力を働かせることによって経験を超えて広く深くなるものです。経験が豊富になればなるほど、想像できることが増えるのは言うまでもないところ。経験値が増す六十以降は、できればこの最上のレベルの「知」を目指したいところです。

わからないから学んで知ろうとするのは大切

孔子が〝レベル2〟に設定しているのは、「わからないから学んで知ろう」とする姿勢です。ここで必要なのは、積極的に情報を収集することでしょう。

私なども学者の世界に閉じこもっていると、会社組織にはピンとこないことが多いものです。でも私は「知りたい」ので、たとえば組織のマネジメントについてドラッカーの本を読んだり、テレビで企業ドキュメントを見たり、会社員の友人の話を聞いたりして、積極的に情報を集めます。それによって、「こんな感じかな」というのがわかるようになります。

サイエンスライターの方などはその典型でしょう。彼らは科学者ではなく、むしろ文系の人だったりもしますが、科学者にインタビューしたり、本で勉強したりすることによって、難解な科学について非常にわかりやすく、しかも大きな間違いのない読み物を書きます。

つまり専門家でなくても、知りたい気持ちがあれば、「学んでこれを知る」ことができるということです。

行き詰まる前に学ぶ

さらに〝レベル3〟は、たとえば海外赴任が決まってあわてて英語を学ぶ、というような「行き詰まってから学ぶ」姿勢です。これはできて当たり前で、それでも学ばないのは最低レベルということになります。

私たちが心がけるべきは、せめて〝レベル2〟であるように、本当に行き詰まってしまう前に「転ばぬ先の杖《つえ》」として学ぶ姿勢を持つことでしょう。

たとえば残り四分の一の人生をうまく乗り切れそうになければ、いまのうちにいろんな宗教を学んでおくことなどおすすめです。

私も親鸞《しんらん》を集中的に読んだことがあって、「いよいよ困ったときは『なんまんだぶ』を唱えよう」などと準備をしています。私には信仰する宗教はないのですが、いろんな宗教を知っておくと心が落ち着くのです。宗教を教養として勉強しておくのもよいでしょう。

9 天は何か言葉を伝えるだろうか

（陽貨《ようか》第十七　一九）

子曰《しのたま》わく、予《わ》れ言《い》うこと無《な》からんと欲《ほっ》す。
子貢曰《しこうい》わく、子《し》如《も》し言《い》わずんば、則《すなわ》ち小子《しょうし》何《なに》をか述《の》べん。子曰《しのたま》わく、

天《てん》何《なに》をか言《い》うや。

四時《しじ》　行《おこ》なわれ、百物《ひゃくぶつ》　生《しょう》ず。天《てん》何《なに》をか言《い》うや。

【訳】　先生が、「私はもう語って教えるのをやめようと思う」と言われた。子貢は、「先生が何もおっしゃってくださらないと、私どもは何を伝えていけばいいのでしょう。どうかそんなことはおっしゃらないでください」と言うと、先生はこう言われた。「天は何か言葉を伝えるだろうか。言葉がなくても、四季はめぐり、すべてが育つ。天は何も言わないが、そこに教えがある。私の言葉だけを頼みにしてはいけないよ」

自然の営みに触れる

孔子は決して言葉を惜《お》しむ人ではありません。それなのに「もう語って聞かせるのはやめる」と言ったのは、弟子たちが言葉だけを頼りにすることに、ちょっと行きすぎを感じたからでしょう。

もちろん、言葉が人生を整えてくれる部分は大きいのですが、自然が教えてくれる生命の摂理《せつり》を知ることも同じくらい大切なのです。

生物界に生きる意思を学ぶ

ここ三十年間、中高年で自殺する人が増えています。いろんな理由があって心が鬱になるのでしょうけど、「ちょっと考えすぎでは?」とも思います。古今東西の歴史を見渡しても、いまの日本はそれほど住みにくい国ではないはずです。不景気とはいえ、飢え死にするようなことはまずない、非常に整った社会なのです。

また現実に自殺するには至らなくても、「死にたいと思ったことがある」人は相当数に上るようです。そんな思いが頭をよぎるようなときはとくに、孔子が言うように自然の営みに目を向けるといいのではないでしょうか。

テレビなどでよく、生物の生態を紹介する番組をやっています。そうした番組を観ると、たとえば十七年間も地中で過ごし、地上に出た数週間でとにかく相方を見つけて交尾・受精・産卵して一生を終えるセミの話などが出てきます。どんな生物にも「揺らぎない生きる意思」があって、人間から見たらものすごく過酷な環境のなかであろうとも、必死で生きています。

そういった生き物の姿を見ると、同じ生き物としての人間が自殺を考えること自体が生物としてはあるまじきことのようにも感じられます。

自然と触れ合って暮らす

心が肥大化すると、生命の根本を見失わないとも限りません。そうならないよう、山登りやハイキングなど、自然と触れ合う旅をするのも、いい学びになると思います。実際、中高年の登山はちょっとしたブームになっているようですが、それも自然界の営みに触発されたい気持ちの現れかもしれません。

古来、人は朝日を拝んだり、自然の営みに感謝をしたり、自然と触れ合って暮らしてきました。それは人間をまともに保つために必要なことだったからでしょう。みなさんも六十代以降の学びの項目にぜひ「自然」を加えてください。

10 「礼」という規範で身を引き締める

君子《くんし》、博《ひろ》く文《ぶん》を学《まな》びて、これを約《やく》するに礼《れい》を以《もっ》てせば、亦《ま》た以《もっ》て畔《そむ》かざるべきか。

（雍也《ようや》第六　二七）

【訳】　君子は博《ひろ》く書物を読んで、〈礼〉という規範で身を引き締める。そうすれば、道に外れることはないね。

形から行動を整え、心を整える

孔子はかなりうるさく「礼を守りなさい」と言っています。礼というのは、長い間に培《つちか》われてきた「行動の型」で、それに従うのが一番道から外れにくいやり方だからです。

その意味では、あれこれ考えずに、「こうするのが礼儀だから」という習慣に従って生きるのもいいかと思います。

五十冊を目安に古典を読む

自然界では、さまざまな樹木が森を成し、生態系をうまく循環させています。その森に倣《なら》って、広くさまざまな古典に親しみながら、教養を広げていく。そういうスタイルが六十代の人には望ましいでしょう。

中国の古典、ギリシアの古典、日本の古典、宗教関連の古典……というふうに、いろんな思想や考え方を受け入れて自分のなかに〝教養の森〟を形成していく。それが、君子のあり方だと思うのです。

目安としては五十冊くらいでしょうか。一つの考えにかたまらずに、いろんな考えを学んでいると、それだけで精神のバランスがとれます。

礼により落ち着いた穏やかさを獲得する

書物で得たことを生活に生かしていくときに、感情で動きそうなところを礼で引き締める。これはおもしろい言い方ですね。

周囲を見ていると、六十歳前後から「怒りっぽくなる人」と「落ち着いて穏やかになる人」と、二つにタイプが分かれるような気がします。誰だって、〝キレやすい老人〟にはなりたくないでしょう。

そこで大事になってくるのが「礼」をわきまえることです。「礼」で自分の行動を引き締めることを心がけると、形から行動を整えることによって心のあり方が整い、ムダにキレたり、すぐに怒ったりすることが少なくなるのです。

たとえば電車の中でも、何となく「若い人は礼儀がなってない」などと言われますが、現実には案外そうでもありません。高齢の人が無理を通している場合も少なくない、という印象です。年長者に注意する人はいませんから、ますます野放図《のほうず》になってしまう部分もあります。

年齢がいけばいくほど、礼儀で引き締めていかないと、気持ちが緩《ゆる》みきってしまう危険があります。いわゆる〝暴走老人〟がそれです。非常に見苦しいし、いい年のとり方とは思えないので、老いにさしかかる六十代に改めて「礼」と真剣に向き合うことが必要でしょう。

武道の試合は礼に始まり、礼に終わります。あれは、勝ってガッツポーズをしたり、負けて床を踏んで悔しがったりしたいところを、きっちり正座して礼をすることによって、心を整えているわけです。

礼とはそういうもの。六十代の方の心の整え方として、意外といいものです。

2章

一つの価値観を貫く

11 学び続けて、飽きるということがない

黙《もく》してこれを識《しる》し、学《まな》びて厭《いと》わず、人《ひと》を誨《おし》えて倦《う》まず。何《なに》か我《わ》れに有《あ》らんや。

【訳】 大切なことを黙って心に刻《きざ》み記憶する。学び続けて、飽きるということがない。人に教えていて退屈することがない。この三つのことは私にとって、とりたてて難しいことではない。

（述而《じゅつじ》第七　二）

いいことは習慣にする

飽きずにできること、それは生活のなかに習慣として溶け込んでいるものでしょう。孔子は毎日、ご飯を食べるように、学び、教えていたのです。「勉強しなくては」と意識することはないし、「今日は教えたくないなあ」とイヤになることもなく、学び教えることが生きるためのワザとなっていたわけです。

学びの習慣が知的向上心という活力になる

「これをしていると飽きない」というものがある人は、けっこう多いと思います。有名人でもたとえばアインシュタインは、十三歳のときにモーツァルトのソナタに出合って以来、バイオリンが彼の生活になくてはならないものになったようです。どこに行くにも手放さず、一九二二年に来日したときは日本郵船の北野丸のなかで、バイオリンを演奏していたそうです。おそらくアインシュタインは孔子と同じように、「練習をしよう」という意識もなく、飽きもせずに毎日、バイオリンを弾いていたのだと思います。

こんなふうに、趣味や娯楽をちょっと越えるレベルで何かを学ぶことが、何となく生活の習慣になっていると、知的な向上心が日々の活力になっていきます。六十代の人にはぜひ教養分野で習慣的に取り組める何かを見つけてほしいですね。

日本のレベルの高さは新聞が支えた

六十代の方の多くは、新聞を読むことが習慣化しているでしょう。新聞がないと朝が始まらないほどで、休刊日には「新聞、どうした?」と騒いでいるのではないかと推察します。

それは非常にいいことです。新聞の朝夕刊はセットで新書一冊に近い字数になるでしょうか。社会のあらゆる面を映し出す、それだけの文字量を毎日、勉強とも思わずに読めるのはすばらしい。すでに「学んで飽きることがない」状態に入っていると言えます。

いまの二十代はほとんど新聞を読まなくなっています。授業の課題で新聞の切り抜きをさせると、「社会にたいして関心が広がった」とみんなが言います。私は常々、「日本のレベルの高さは新聞がつくった」と言っています。新聞を毎日読むという習慣の良さを、何とか若い世代に伝えていただきたいと思います。六十代には「すばらしい文化・習慣を次世代へ継承していく」役割もあると思うのです。

12 発憤し、楽しみ、老いを忘れる

（述而《じゅつじ》第七　一八）

葉公《しょうこう》、孔子《こうし》を子路《しろ》に問《と》う。子路《しろ》対《こた》えず。子曰《しのたま》わく、女奚《なんじな》んぞ曰《い》わざる、其《そ》の人《ひと》と為《な》りや、憤《いきどお》りを発《はっ》して食《しょく》を忘《わす》れ、楽《たの》しみて以《もっ》て憂《うれ》いを忘《わす》れ、老《お》いの将《まさ》に至《いた》らんとするを知《し》らざるのみと。

【訳】　楚《そ》国の長官である葉公が子路に先生の人物についてたずねた。子路は答えなかった。これを知った先生はこう言われた。「おまえはなぜこう言わなかったのか。その人となりは、学問に発憤《はっぷん》しては食べることも忘れ、道を楽しんでは憂いを忘れ、老いてゆくことにさえ気づかない、そんな人物だと」

老いを忘れる、とっておきの方法

人となりを一言で表すのは、なかなか難しいものです。孔子のこの言葉は、短いなかで自分自身が的確に生き生きと表現されていて、非常にいい言葉だと思います。そろそろ老いが忍び寄ってくる六十代の人にとっては、とりわけ心に響くのではないでしょうか。覚えて、自分自身の標語にするのもいいですね。

心が沸き立つような刺激を求める

六十代以降になると、年々、老いに対する不安が強くなるものです。若いときには遠いところにあった死の影が濃く、近くなってくる、その影に怯《おび》える気持ちもあるでしょうし、「病気になったらどうしよう」「お金がなくなったらどうしよう」「身の周りのことが自分でできなくなったらどうしよう」など、不安を数えあげたらキリがありません。

しかし、いくら考えたところで、不安が消えるどころか、膨《ふく》らむばかり。何もいいことはないのです。「わかっているけど、気がついたら、どうしよう、どうしようと考えている」という人は、その原因を刺激が少ないことに求める必要があります。あまり人に会うこともなく、新しいものに触れる機会もなく、毎日が同じように流れていく生活をしていて、ほかに考えることがないために、心が不安に傾いていく部分があるからです。

発憤とまではいかなくとも、心が沸き立つようなちょっとした刺激があれば、不安になる時間を減らしていくことができるはずです。

前向きなエネルギーで不安の比重を減らす

世の中には、文字通り「死ぬまで現役」を通す人もいます。何かを夢中になってやっているうちに、気がついたら老いて死を迎えた、という感じで、これ以上ないくらいいい亡くなり方です。映画監督の新藤《しんどう》兼人《かねと》さんがそう。氏はいつのころからか「これが最後の作品」と言っていたそうですが、でもその後も何作かつくり、『一枚のハガキ』という作品を最後に百歳で亡くなられました。

　仕事でなくても、いわば「六十の手習い」で何か新しい趣味にチャレンジしてみることは可能でしょう。それに夢中になれれば、前向きなエネルギーで心を襲う不安の比重を減らすことができそうです。そうして「そういえばこのところ、死の影を感じなくなったなぁ」という状態にもっていければベスト。老後を楽しく暮らせると思います。発憤し、楽しみ、老いを忘れる。これが孔子流です。

13 「文」「行」「忠」「信」を教えた

（述而《じゅつじ》第七 二四）

子《し》、四《よ》つを以《もっ》て教《おし》う。
文《ぶん》、行《こう》、忠《ちゅう》、信《しん》。

【訳】 先生は〈文〉・〈行〉・〈忠〉・〈信〉の四つを教えられた。〈文〉は、詩書礼楽を学ぶこと。〈行〉は、学んだことを実践すること。〈忠〉は、人に真心をもって接すること。〈信〉は、うそ偽りのないことである。

漢字一字の重みを感じる

私たち日本人は漢字一字を見れば、その文字を使った熟語を連想できるので、だいたい意味がわかります。「文」なら文学や文章で、言葉を通して大切なことを学んだり、伝えたりすることだな、というふうに。同様に「行」は行動、実行、「忠」は忠実、忠義、「信」は信頼、信用……多くの熟語が思い浮かびます。

かつては『論語』に出てくるこういう文字を名前につけたものです。文・行・忠・信の四文字は、人として大切な資質ですから、日本人の持つ穏やかで寛容で真面目なメンタリティを維持する意味でも、この四文字をこれからの人生の目標に掲げて、漢字一字の重みを感じながら生きていただきたいと思います。

14 人が成長する道筋は、山をつくるのに似ている

（子罕《しかん》第九　一九）

譬《たと》えば山《やま》を為《つく》るが如《ごと》し。
未《いま》だ一簣《いっき》を成《な》さざるも、止《や》むは吾《わ》が止《や》むなり。
譬《たと》えば地《ち》を平《たい》らかにするが如《ごと》し。
一簣《いっき》を覆《ふく》すと雖《いえ》ども、進《すす》むは吾《わ》が往《ゆ》くなり。

【訳】　人が成長する道筋は、山を作るのに似ている。一かごの土を運ぶのを止《や》めてしまえば、それは自分が止めたということだ。それはまた土地をならすのにも似ている。一かごの土を地にまいたならば、たった一かごといえども、それは自分が一歩進んだということだ。

何事も自分がしたことと思うことで後悔を減らす

ここは一言で言えば「すべての行動は、自分の決定によるものなんだよ」ということです。決めるに当たってはいろんな事情があったにせよ、行動の根拠はすべて自分自身に求める、という大変厳しい思考です。

でも、自分が決めたことだと潔《いさぎよ》く認めると、「後悔してもしょうがない」という気持ちにもなります。誰の、何のせいでそうなったかという無益な〝犯人捜し〟に時間をつぶすムダもなくなります。ですから、「後悔を減らす思考」と捉えることもできるわけです。

不条理の英雄になろう

山をつくるたとえで、私は若いころに読んだアントニオ猪木《いのき》さんの話を思い出しました。彼は力道山《りきどうざん》さんからトレーニングでスクワットを千回単位でやらされたそうです。一回一回は簡単だが、やがて限界を感じてくる。でも「あと一回、どうしてもできないか」と言われると、できてしまう。さらに続けて疲れてきても「本当にあと一回、できないか」「それがお前の限界か」などと言われるたびに、また何とか一回できてしまう。そのうち、止めどきがなくなってしまうのだといいます。彼はそのトレーニングについて「精神力が試されるんだ」と言っていて、私は妙に感心したことを覚えています。

「あともう一回」。そうやって前に進むか、止めてしまうかは自分次第です。がんばって続けて完成に至ったときは、「自分がやったんだ」と自信が持てます。

そんなふうに孔子のこの言葉をポジティブに捉えると、不条理なこの世を生きるに当たっての実存主義的な心構えができます。

これに関しては、カミュの『シーシュポスの神話』を思い出します。シーシュポスが神から「自分の積み上げた岩を転がり落とされて、下山してもう一度上まで運ぶのを延々と繰り返す」という罰を与えられる。そのときに「神にやらされてる」と思ってはダメで、不条理な罰を運命と受け止めて「よし、やってやろう」とやる。そうすれば、「不条理の英雄」になれるというのです。

不条理は言うなれば人間が背負わざるをえない運命のようなもの。どんなに納得のいかないことでも引き受けて、「やってやろう」と思ったとき、不条理の英雄になれる。「不条理な運命に立ち向かう」と思うのは、けっこう気分のいいものです。

15　一以てこれを貫く

（衛霊公《えいれいこう》第十五　三）

子曰《しのたま》わく、賜《し》や、女予《なんじわ》れを以《もっ》て多《おお》く学《まな》びてこれを識《し》る者《もの》と為《な》すか。対《こた》えて曰《い》わく、然《しか》り、非《ひ》なるか。曰《のたま》わく、非《ひ》なり。

予《わ》れは一以《いつもっ》てこれを貫《つらぬ》く。

【訳】　先生が子貢に言われた。「賜よ、おまえは私のことを、たくさん学んで覚えている者だと思うか」子貢が、「その通りです。違いますか」と答えると、先生はこう言われた。「違うよ。私は一つの道理をもって、世のさまざまなことに対している。いわば『一以てこれを貫く』者だね」

「一つのことに貫かれている」感覚を持つ

どんな状況にあっても言動にブレがない人には、心身を貫く一本の軸があると感じます。孔子の言う「**一以《いつもっ》てこれを貫《つらぬ》く**」とは、そういうことを意味します。

自分の内側に「一つのことに貫かれている」感覚があると、アイデンティティ(存在証明)を実感できます。自分が一貫した存在であると感じ、自分の本質が社会的意味を持つとき、人は自己のアイデンティティを実感できます。

自分にとっての「一」は何か

孔子にとっての「一」は、おそらく道を求める強い気持ちとか、先人へのあこがれをエネルギーとして事を成す、そのことに対する強い意志といったものでしょう。その「一」は、人によっていろいろあっていい。大事なのは、正義感でも、人に対して寛容であることでも、家族を大切にすることでも、何でもいいから自分が一番大切にしたい思想として、自分にとっての「一」を持つことです。すると、迷いや悩みを感じることが少なくなり、精神が非常に落ち着くのです。

現代は伝統的な慣習に従って生きる時代ではなく、この世に存在している意味自体がわからなくなる傾向があるので、思想的な支えがないと、なかなか精神が安定しません。自分にとっての「一」は何なのかを考えてみてください。

好きな世界に没頭するのも一つの方法

思想的な「一」と言うと、「んー」と考え込んでしまう人も少なくないでしょう。そんな人は手始めに、自分の好きなことに入り込んでいくのも一つの方法です。

現役時代は仕事にアイデンティティを求められますが、引退して仕事をしない日常になると、たちまちアイデンティティを失《な》くしてしまうようなことがよくあります。そうならないように仕事に代わる何かに熱中する。大そうな趣味でなくても、たとえば「タモリさんにとっての坂道」みたいなものでいいのです。ＮＨＫの『ブラタモリ』を見ていると、タモリさんは本当に坂が好きなんだなと感じます。それが一種の「一」にもなりうるのです。

六十を過ぎてからは、身体内部の感覚として、生命の持続感のようなものが得られると、心が安定してきます。「昨日の自分、十年・二十年・五十年前の自分と今日の自分がつながっている何かがある」というふうに自分を再構成する感じで「一」を見つけると、存在証明につながります。

16 「恕」は一生かけて行なう価値のあるもの

（衛霊公《えいれいこう》第十五　二四）

子貢《しこう》問《と》うて曰《い》わく、一言《いちげん》にして以《もっ》て終身《しゅうしん》これを行《おこ》なうべき者《もの》ありや。
子《し》曰《のたま》わく、
其《そ》れ恕《じょ》か。己《おの》れの欲《ほっ》せざる所《ところ》、
人《ひと》に施《ほどこ》すこと勿《な》かれ。

【訳】　子貢が、「ただ一つの言葉で生涯行なう価値のあるものはありますか」とおたずねした。先生はこう言われた。「それは〈恕〉だね。思いやりだ。自分がされたくないことは、人にもしてはいけない」

努めて機嫌よく生きる

一生の課題として踏み行なうべきことを「恕《じょ》」という一言で言いきれるところが、孔子のすばらしさであり、『論語』のおもしろさです。その後に続く**「己《おの》れの欲《ほっ》せざる所《ところ》、人《ひと》に施《ほどこ》すこと勿《な》かれ」**の一文は非常に有名です。ところが実践となると、これが簡単なようでいて難しい。実際、弟子が心がけますと言ったとき、孔子は「お前にはなかなかできることじゃないよ」と厳しく言っています。

「恕」の行ないを習慣にできるか

頭でわかっていることと、実際にできることとは、まったく異なります。しかも「意識してやる」というレベルを超えて、それが自然にできるようになるまでには、また一つ高いハードルがあります。孔子は大事なことを言葉で伝えながら、それが習慣になっているか、言い換えればワザになっているかを常に問題にしています。「言葉で言うのは簡単だけど、やれるのか」ということです。

私もコミュニケーションの授業で学生たちに、たとえば「微笑《ほほえ》むこと、テンポよく相槌《あいづち》を打つことは大事です。さぁ、実践してみましょう」などと言うことがあります。けれども学生たちは、まずやりません。次の授業でもう一回言ってもダメ。そのときに私はこう言います。

「できていないから、言うんだよ。できるまで何度でも言いますから」

一つの行動をワザ化するには、だいたい一万回の練習が必要とされています。だから微笑むこと、相槌を打つことをワザにするには、練習するしかないのです。

微笑みは対人関係の基本

四十五歳を過ぎた辺りから年を重ねるにつれて、不機嫌そうな顔になる人が増えます。自分ではふつうにしているつもりでも、人の目には不機嫌そうに見えてしまうのです。ちょっと機嫌よくしておかないと、ふつうにさえ見えず、しかも反応も鈍《にぶ》くなり、対人関係がうまくいかなくなる場合が多いように思います。

その意味で、六十以降の対人関係における基本のワザとして、微笑むこと、テンポよく相槌を打つことを意識して練習するといいでしょう。

修道者の故・渡辺《わたなべ》和子《かずこ》さんは『置かれた場所で咲きなさい』(幻冬舎文庫)という本のなかで、こちらが微笑んでも微笑みを返してこない人こそ、微笑みを必要としている、と書いています。常にこちらから微笑むと決めてしまえばすっきりします。微笑んで一生を終えられれば、すばらしいことではないでしょうか。

17 必ず自分で調べ考えること

衆《しゅう》これを悪《にく》むも必《かなら》ず察《さつ》し、衆《しゅう》これを好《この》むも必《かなら》ず察《さつ》す。

（衛霊公《えいれいこう》第十五　二八）

【訳】世の多くの人が悪く言うときも、良く言うときも、それを鵜のみにせず、必ず自分で調べ考えることだ。

社会をサポートする気持ちを持つ

インターネット社会が加速度的に発展しているいま、大衆の意見や感情が表に吹き出ることが増えてきました。

そのこと自体はいいのですが、一つの情報に大勢の人が一気に流される傾向が顕著《けんちょ》になってきたのは問題でしょう。

ここで孔子が言うように、単に「大勢を占める意見・考えだから」という理由だけで、自分で調べて考えることもせずに、そっちに流れていくようではいけないのです。

その方向が間違っていた場合、社会は危機的状況に陥《おちい》ります。

六十代からは社会に還流していく時代

近年の日本では、大衆が一つの方向にどどどっと一気に流れていく現象が、顕著に見られるようになりました。選挙が象徴的で、「郵政民営化、イエスかノーか」で「イエス!」と自民党に流れ、次は「政権交代、イエスかノーか」で「イエス!」と民主党に流れる、といった具合です。「みんな、ちょっと冷静になって、自分でたしかな情報を手に入れて考えてみようよ」と言いたい気持ちになります。国民の一人ひとりが判断することを通して、社会は成熟すると思うからです。

　歴史を遡れば古代ギリシアの直接民主主義では、徳を身につけ、政治上の常識をわきまえた一人の成熟した市民をつくりだすことが非常に重視されていました。彼らに正しく投票権を駆使してもらわなければ、正しい方向で政治を行なうことができなくなって、社会が乱れるからです。日本も古えに返って、古代ギリシアのこういった良さを見習ったほうがいいかもしれませんね。

　そこで思うのは、古代アテネのように、六十代の人たちは「やがて成熟した市民に名乗りをあげる青少年を育てる」方向で次世代のサポートに回るとよいのではないか、ということです。三十代・四十代の人たちが忙しくて手がおよばない部分で、子育てを助けてあげるのです。「社会の一員を育てる」ということには充実感があります。時間的な余裕ができるこれからなら、できます。

　プラスして、経済活性化のため、蓄《たくわ》えた富を社会に還流させることも考えていただきたいところ。現在、富の多くが六十代以上に集まっています。六十代からは富だけではなく知識とか経験とか、それまでに蓄えたものを還元していく時代です。「金も時間もあるけど、社会への貢献度が低い」となっては、微妙です。「還流」をキーワードにしてみてください。

18 心の中にある志を奪うことは、誰にもできない

（子罕《しかん》第九 二六）

三軍《さんぐん》も帥《すい》を奪《うば》うべきなり。
匹夫《ひっぷ》も志《こころざ》しを奪《うば》うべからざるなり。

【訳】 数万の大軍を率いる総大将でも、その大将の身を奪うことはできる。しかし、一人の男といえども心の中にある志を奪うことは、誰にもできない。

「志を持つ」と決める

志は自分の内部にある聖域とも言えるもの。何者にも犯すことはできません。孔子のこの言葉を聞くと、私は吉田松陰《よしだしょういん》を思い出します。松陰は日本を深く愛するがゆえに外国を知ろうと行動しましたが、斬首《ざんしゅ》されてしまいました。けれども幕府は、松陰の命は奪えても、志は奪えませんでした。その強い思いは、「**かくすれば　かくなるものと知りながら　やむにやまれぬ　大和魂《やまとだましい》**」という歌に象徴されています。そして松陰は、松下村塾《しょうかそんじゅく》の門弟たちへの遺書として『留魂録《りゅうこんろく》』を書きました。この遺書を読んだ門弟たちが発憤して、やがて討幕を果たし、明治維新に至ったことを思うと、松陰の志の強さに胸を打たれます。

「世のため人のため」という視点で志を決める

そもそも志のある・なしは、自分が「こういう志を持とう」と思うかどうかにかかっています。つまり思う人には志があるし、思わない人には志がない、そういうものです。ですから、志高く生きたいと思うなら、自分で志を持つと決めなければ何も始まりません。

志があるかないかで、やることなすこと、すべてが違ってきます。たとえば同じ金融関係の仕事をするのでも、志がない金融マンはそれこそサブプライムローンのように、あやしげな商品でボロ儲けして、世界を恐慌《きようこう》に陥れることがあります。

一方、ノーベル平和賞を受賞したバングラデシュのムハマド・ユヌスさんは、志の非常に高い金融マン。お金のない人に無担保で融資して起業をサポートするシステムをつくりました。例としてはちょっと大きな話ながら、志のある・なしでこうも違ってくるということです。

どんな志を持つか、一つの指標として「世のため人のためになるか」というのがあるかと思います。

福沢諭吉《ふくざわゆきち》は『学問のすゝめ』のなかで、「**一身独立して、一国が独立する**」と説《と》いています。一人ひとりが国を背負って立つ気概を持たなくてはいけないと。何だか大げさなように感じるかもしれませんが、個人のレベルでも気概をそれぞれ持つことはそう難しくはありません。

何であれ、志をもって取り組むことこそが大事なのです。いまは国の福祉を見ても、六十代以上の意見が国のバランスを決めています。六十代の人には世のため人のためになる志を強く意識し、次世代に伝えていっていただきたいですね。

19 「義」にしたがって行動する

君子《くんし》の天下《てんか》に於《お》けるや、適《てき》も無《な》く、莫《ばく》も無《な》し。義《ぎ》にこれ与《とも》に比《した》しむ。

（里仁《りじん》第四　一〇）

【訳】 君子が世に事をなすとき、先入見から「これはよい」「これはよくない」などと決めつけない。ただ筋が通ったこと、つまり〈義〉に則《のっと》った行動かどうかで決める。

「義」を行動の指針とする

簡単に言えば、自分の好き嫌いや私利私欲で動かず、「義」にしたがって行動しなさい、ということですね。六十歳になって目指すのは「君子の境地」ですから、これは一つの行動の指針とするべき言葉でしょう。

公正の感覚を持つ

たとえば部下の誰を次に出世させるかを考えるとき、選ぶ立場にある人はどうしても好き嫌いに惑わされることがあるかと思います。何となく「気に食わない」とか「ウマが合わない」「有能すぎて、自分の脅威になりそうだ」といった理由から、能力のある人を退けてしまうわけです。

それをやると、世代が進むにつれて、組織がパワーダウンしていく危険があります。大学の人事でも「初代はものすごい大物の教授陣が揃っていたのに、だんだん小粒になっていった」というようなことが起こりがちです。会社でも同じようなことが言えるのではないかと思います。

そうではなくて「あの人は有能だから、個人的には好きではないが、引き上げよう。それが組織の発展のためだ」と考える。それが「義に則った人事」なのです。優秀な人材を引き上げることで、自分の評価が下がって損をするようなことはまずありません。たいていの場合、周りが「あの人の人事は公正だ」と評価し、自分の株がいっそう上がるものです。実際、周りから推挙されて組織の頂点に上り詰める人は、多くがこの「義＝公正」の感覚の持ち主ではないでしょうか。

改めて正義を考える

時代的に見ると、近年は「公」の意識がどんどん薄れ、「私」を優先する大きな流れになっていました。

けれども、マイケル・サンデル教授の『これからの「正義」の話をしよう　いまを生き延びるための哲学』（ハヤカワ・ノンフィクション文庫）という本が売れたり、東日本大震災を契機に「義に生きる」ことの大切さを再認識する風潮が出てきたりで、改めて「正義」を考える人が増えてきたのではないでしょうか。

それはすばらしいことです。自分の心に照らし合わせて、「これが義に則った正しい選択だ、誰に対しても恥ずかしくない行動だ」と言えるような思いをもって行動することが大切だと思います。**「義に比《した》しむ」**とはそういうことなのです。

20 古えを好んで、ひたすら道理を求めてきた

（述《じゅつ》而第《じ》七　一九）

我《わ》れは生《う》まれながらにしてこれを知《し》る者《もの》に非《あら》ず。
古《いにし》えを好《この》み、
敏《びん》にして以《もっ》てこれを求《もと》めたる者《もの》なり。

【訳】　私は生まれつき物事の道理をわきまえていた人間ではない。ただ、古えを好んで、ひたすら道理を求めてきた者だ。

先人へのあこがれで生涯を貫く

「生まれながらにして物知りではない」というのは、前にも出てきました。孔子は繰り返し、自分は最上の才能の持ち主ではないのだと強調しています。ただ古いものを信じて、好んで学び、それを周囲に伝えようとしているだけだと。

孔子のなかでは「古えを好む」ことがアイデンティティであり、生きるエネルギーになっているのです。

あこがれが生きるエネルギーになる

孔子が周《しゅう》の聖王と呼ばれる人たちにあこがれたように、イタリア・ルネッサンス期の芸術家ミケランジェロは古代ギリシアの彫刻にあこがれていました。「ああいうものを創りたい。でも自分にはまだまだかなわない、かなわない」と言い続けて、作品を創作したといいます。そもそも理想とするもののレベルが高いわけですから、かなわないながらも、ミケランジェロはその時代の突出した存在になることができました。あこがれが強烈な創作エネルギーに結びついたのです。

同様に、染色家の久保田《くぼた》一竹《いっちく》さんは二十歳のときに、室町時代に隆盛を極めた「辻が花」

の小裂《こぎれ》に出合い、その美しさに魅了されました。そして「いつかこの染めを復活させたい」とあこがれ、約四十年かけて研究と創意工夫を重ねて「一竹辻が花」を完成させたそうです。ここまでくると、もう執念と言ってもいい。

また日本を代表する漢字の研究者である白川静《しらかわしずか》さんは、六十歳を過ぎてから『字訓《じくん》』『字統《じとう》』といった字典の執筆に取り組みました。「そんな年になってから……」と感嘆してしまいますが、そのエネルギーの源《みなもと》にはやはり、漢字という文字をつくった古代中国の人たちに対するあこがれ・情熱があったのでしょう。

こういった例でわかるように、古えへのあこがれはかくも強い生のエネルギーを生み出すのです。古典のすばらしさを象徴するようではありませんか。

終わりのない探究に胸ときめく

古い時代の芸術や文学は非常に奥が深く、どこまで研究しても「極めた」という実感が持てないものです。だから、おもしろい。

私もテレビ東京系で放映している『新美の巨人たち』を見ながら絵画に潜《ひそ》む謎を探求したり、江川卓《えがわたく》さんの『謎とき「罪と罰」』（新潮選書）のような本を読んでドストエフスキーの世界を探訪したりしていますが、ちっとも飽きがきません。孔子のように「敏にして求め続ける」気持ちになって、胸がときめくほどです。

古典というのはなべて、学者ですら生涯かけてもわからないものがあるところに、ありがたさを感じます。「どこまでいっても」「いくら研究しても」みたいな底知れない謎のある世界にはまっていくのも楽しいものです。

ですから、終わりのない探究に胸ときめかせる時間を持つことを、六十代の一つの生き方としてはいかがでしょうか。孔子のように、「生涯求め続ける生の営みのなかで、ふと死が訪れる」という構図のなかで生きていけるのではないかと思います。

3章

敬愛される年配者になる

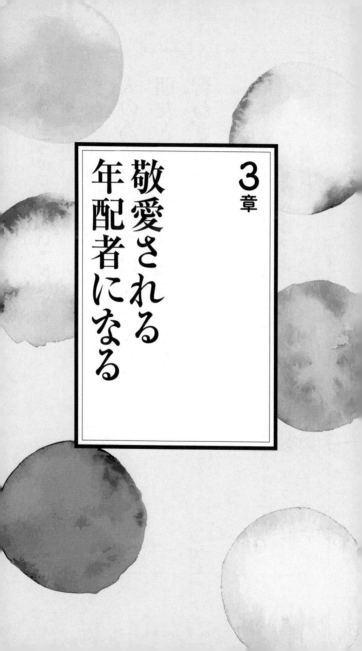

21 毎日、三つのことについて反省する

曾子《そうし》曰《い》わく、吾《わ》れ日《ひ》に三《み》たび吾《わ》が身《み》を省《かえり》みる。

人《ひと》の為《た》めに謀《はか》りて忠《ちゅう》ならざるか、

朋友《ほうゆう》と交《まじ》わりて信《しん》ならざるか、

習《なら》わざるを伝《つた》うるか。

（学而《がくじ》第一　四）

【訳】　先生の門人である曾子が言った。

「私は毎日、三つのことについて反省する。人のために誠心誠意に考えてあげたか。友人とのつき合いで〈信〉、つまり言葉と行ないが一致していたか。十分身についていないことを、受け売りで人に教えたのではないか、と」

日記で心持ちを安定させる

曾子は孔子の門弟のなかでも、「子」をつけて呼ばれる、なかなかの人物でした。その曾子が毎日必ず、三つのことを反省すると言っています。この三つの「内省」には、孔子の精神がはっきりと受け継がれています。

反省というのは年をとるとだんだん面倒になってくるものですが、六十歳を過ぎて、これから「敬愛される老人」になっていこうとする場合、反省することの意味は非常に大きいように思います。

それは、人のためになるだけでなく、自分自身の心持ちを安定させることもできるからです。

手帳を日記がわりにする

「反省」というと、自分の行動を批判的に見て、悪いところをチェックする感じがしますが、もう少し軽く、「一日を振り返る」というふうに捉えていいのではないかと思います。その場合の一つの手段となるのが「日記」でしょう。

昔の日本人はけっこう日記を書いていて、そのなかで自分の行動を振り返ったり、今後のことを考えたりすると、心が落ち着くということがあったようです。ただ「日記帳に日記を書く」となると、いまの人にはちょっとハードルが高いかもしれません。そこでおすすめしたいのが、手帳を日記がわりにすることです。

手帳というのは、若いころはスケジュール管理のためのツールだったでしょうが、年をとるにつれてその部分での使い道は減ってきます。手帳のページを埋め尽くすほどの予定がなく、空欄の多いページを見て何となく寂しい思いをする人も少なくないのではないかと思います。

でもその空欄を日記スペースと捉えると、気持ちがちょっと変わってきます。その日あったこととか、やったこと、あるいはニュースを見て考えたこと、映画を見たり、本を読んだりして感じたこと、人から聞いたおもしろい話など、何でもいいから気持ちの動いたことを書いていくと、手帳を中心に毎日が盛り上がってくると思うのです。

それに何も書くことがない日があると、「いかん、いかん。もっと行動的にならなくては」というふうに思って、行動力に弾みをつけることもできるでしょう。

私自身、たとえば「祝！　サッカー日本代表勝利！　2－1　美酒に酔う」というように、事後的に日々の雑感などを手帳に書き込むようにしています。その際、黒・青・赤・緑の四色ボールペンにシャープペンシルまでセットされた筆記具を使っていて、「とっても大事な用事は赤」「まあ大事は青」「日々の雑感は緑」などとジャンル分けしながら書いています。

そうして手帳のページを色とりどりの賑やかな文字で埋めていく作業は、なかなかおもしろいものです。毎日いい感じで〝振り返りタイム〟を楽しんでいます。

仕事の用事が少なくなってくる六十代こそ、手帳の新しい使い方として、「一日を省《かえり》みて、心沸き立つことを書いていく」のがいいかなと思います。

今日の出来事を人に話す

一日を振り返る行為としては、人に話す、という方法もあります。女性は夫とか子どもを相手に、一日にあったことをあれこれしゃべることが多いものです。

あの「おしゃべり」のワザを男性も見習うべきでしょう。というのも男性のなかには、年をとって無口が染みついてしまう人が多く、それゆえに一日を振り返る機会を逃す傾向があるからです。

そんな日が積み重なると、毎日が何事もなく過ぎていく感じになってしまいます。何かをやってみようという気持ちも、どんどん衰えてしまうでしょう。そうならないように、ときには一日の出来事を家族とか友人・知人にしゃべって、活気を出していくことも必要です。

できれば〝手帳日記〟と〝おしゃべり〟をセットにして、日常に振り返る行動を組み入れてください。六十代の毎日の充実度が格段に違ってくると思います。

22 人を理解することを心がけよ

人《ひと》の己《おの》れを知《し》らざることを患《うれ》えず、
人《ひと》を知《し》らざることを患《うれ》う。

（学而《がくじ》第一 一六）

【訳】 自分をわかってもらえないことを嘆くより、自分が人を理解していないことを気にかけなさい。

視線を外に投げかけて世界を広げる

「自分のことを認めてほしい。評価してほしい」という気持ちは、誰にでもあります。下手すると「自分の知らない人からさえも評価されたい」ぐらいの勢いで、不特定多数の人の視線が自分に向けられることを望む人が少なくありません。

でも孔子は、それは逆だ、自分が相手を知ろうとしないことのほうが問題だとしています。視線を自分の内ではなく外に投げかけることがポイントになります。

「知ろう」とする意思が重要

年をとるにつれて、人のことを知ろうとか、自分の知らないことを知ろう、といった気持ちが薄れてくるとすれば、寂しい。「他人のことを知るのは面倒くさい。かといって、自分が尊重されないのはイヤだ」。そんな虫のいい話はありません。自分のことを知ってもらうためには、まず相手のことを知ろうとする意思が必要でしょう。でないと、交友範囲がどんどん狭まってしまいます。

人だけではなく、ものを知ろうとしないのも問題です。たとえば何か世間で話題になっていることがあったとして、「これ、知ってますか?」と聞かれたときに、「知らないけど、別にいい」と流してしまう。知らないことが恥ずかしくもなく、知らないから知ろうとする気持ちも起きない、というのは一種の心の閉鎖現象と言えるものでしょう。

それだと世界が縮小して、老いが加速度的に進んでしまいかねません。少々面倒でも、自分が知らない人、自分が知らないことに対して関心を持ち、「それ、知ってますよ」と言えることを増やしていくようにしたほうが、自分の気持ちも日常も活気が出てくるのではないでしょうか。

私は朝起きるとすぐにテレビをつけ、出かけている間を除いて一日中、寝るまでつけっ放しにしています。じーっと見ているわけではなく、本を読みながら、仕事をしながらの〝ながら見〟ですが、自然といま話題になっていることや教養に関わる知識などが入ってくる感じで、非常に刺激的です。ラジオも大変いい。セブン&アイ・ホールディングス元会長の鈴《すず》木《き》敏文《としふみ》さんとお話ししたとき、「車に乗ったらラジオをつける。それだけでも何か得られる」とおっしゃっていました。

テレビやラジオから流れてくる情報で「何となく知っている」ことが増えると、人と話すときの話題が豊富になります。それによって周囲の人は「話しやすい人だな」と感じるはずです。人間関係を広げることにつながるでしょう。

23 人の本質がはっきりする三点とは？

（為政《いせい》第二　一〇）

其《そ》の以《な》す所《ところ》を視《み》、其《そ》の由《よ》る所《ところ》を観《み》、其《そ》の安《やす》んずる所《ところ》を察《さつ》すれば、人《ひと》焉《いずく》んぞ廋《かく》さんや、人《ひと》焉《いずく》んぞ廋《かく》さんや。

【訳】　その人がどう行動しているか、何を由りどころに生きているか、何に満足するか。この三点がわかれば、その人物の本質が、はっきりする。決して隠せるものではない。

たしかな人とつき合う

「日本資本主義の父」と呼ばれる渋沢栄一《しぶさわえいいち》は、『論語』を軸において多くの企業の経営に尽力した実業家として知られています。その渋沢が著書『論語と算盤《ろんごとそろばん》』のなかで、この言葉が「人物鑑識眼として非常に役立った」と言っています。六十代のみなさんが人づき合いを考えるうえでも、含蓄《がんちく》のある言葉だと思います。

〝落ち着きどころ〟を知る

孔子が人を見抜く眼力のポイントとしている三点のなかでもおもしろいのは、**「其《そ》の安《やす》んずる所《ところ》を察《さつ》する」**というところでしょう。

たとえば家族であれば、「お父さんは晩酌をしていると落ち着く」「お母さんは買い物をすると落ち着く」「子どもは本を読んであげると落ち着く」といった具合に、〝落ち着きどころ〟がわかると、ケンカになっても関係修復がやりやすくなります。また人間関係においても、「うちの子は自慢話をしていると落ち着くんだな」となったら、関係がぎくしゃくしそうなときに適度に自慢話ができそうな話題をふってあげるとか、押さえるところがわかると意外とうまくいきます。

人によって〝落ち着きどころ〟はいろいろですが、それを見抜くのはそう難しくはありません。人間関係を円滑にするコツとして覚えておくといいでしょう。

怪しい人とはつき合わない

近ごろは「オレオレ詐欺《さぎ》」を筆頭に、高齢者が詐欺にひっかかる事件が多発しています。ふつう、年をとって経験を重ねると、人を見る眼力がついてくるものですが、だましの悪質なテクニックも進んでいて、被害が増えています。

聞くところによると、オレオレ詐欺にひっかかった人の半分くらいは、最初の瞬間に違和感を持ったそうです。それなのに話を聞くうちに相手の巧みな話術にからめ捕《と》られてしまう。その意味では、最初の違和感を大事にして、とりあえず電話をかけ直すとか、その場で相手を簡単に信じないよう注意したいところです。

詐欺に限らず、人間関係においては「こんな人と関わるんじゃなかった」「あんな人と深入りしたためにひどい目に遭《あ》った」というようなことはよくあります。人生は限られているし、残りが少なくなってくる六十代以降はますます「つき合う人をたしかな人に絞り込んでいく」ことが重要になってきます。孔子が言うように、経歴などもちゃんと見て、「君子危《あや》うきに近よらず」でいきましょう。

24 若い人には慕われるようでありたい

老者《ろうしや》はこれを安《やす》んじ、朋友《ほうゆう》はこれを信《しん》じ、少者《しようしや》はこれを懐《なつ》けん。

（公冶長《こうやちよう》第五　二六）

【訳】　老人には心安らかになってもらうよう、友人には信頼されるよう、若い人には慕われるようでありたいね。

若い人とは慕われるように関わる

これは「先生の志は？」と弟子から問われて、孔子が人間関係に焦点を当てて語った言葉です。相手の年齢に応じて、自分はこういう存在でありたいとしたところがすばらしい。人間はいろんな人との関係性のなかで生きていますから、そこで自分はどうあるべきかを志として持つことは、非常に現実的な考えです。

六十代の人は**「少者《しょうしゃ》はこれを懐《なつ》けん」**を目標にするといいでしょう。知り合いに、近所の幼稚園児と仲の良い八十歳の方がいます。彼は色紙に宮沢賢治《みやざわけんじ》の言葉を書いてプレゼントするなどしていて、子どもたちから慕われています。彼のような老人になっていくのも、これからの人生においてなかなかいい志でしょう。

25 人格にも中庸はある

子《し》は温《おん》にして厲《はげ》し。威《い》にして猛《もう》ならず。恭《うや》しくして安《やす》し。

【訳】先生は温和でありながら厳しく、威厳はあるものの猛々《たけだけ》しくはなく、礼儀正しく慎み深いが安らかできゅうくつなところがない。

（述而《じゅつじ》第七　三七）

社会的に練れた人格を持つ

これは、私のとても好きな言葉の一つです。そのときどきの状況や門人によって、孔子の見せる表情が少しずつ違う、そこに孔子の豊かな人間味が感じられるからです。

ヤジロベエの腕が四方八方に伸びているイメージ

人は誰しも、金太郎飴《あめ》のように「どこを切っても同じ顔」なんてありえません。それが単なる気まぐれではなく、たとえば孔子のように「穏やかでいて、ときに厳しい」というふうに、時と場合によって対立する気質に大きく振れながら、ちょうどいいバランスをとっている。そういった人間の幅が魅力になるのです。

イメージ的には、ヤジロベエの腕が四方八方に伸びている感じでしょうか。それでバランスがとれていると、社会的に練れた人格と言えます。これが「中庸感覚」であり、六十代のみなさんに目指してほしいところです。

両極端な性格で言うと、夏目漱石《なつめそうせき》がそうでした。彼が弟子の芥川龍之介《あくたがわりゅうのすけ》と久米正雄《くめまさお》に宛てた手紙を読むと、「君らは新時代の作家になるつもりでしょう。僕もそのつもりであなた方の将来を見ています。どうぞ偉くなって下さい。しかし無闇に焦《あせ》ってはいけません。ただ牛のように図々しく進んで行くのが大事です」と書かれていて、とても温かな愛情を感じます。かと思うと、家庭では癇癪《かんしゃく》を起こして植木鉢を割ったり、奥さんに八つ当たりしたりで、また奥さんのほうも気が立っていて大変だったようです。でも漱石が弟子や学生たちに対して見せた顔がニセモノだったということはありません。彼らには家庭での漱石と対極にある顔を見せた、そのこと自体が誠実さの現れでしょう。

自分の気質と相談する

バランスのいいところも、やはり人によって異なります。そこは、生来持っている気質との相談で見つけるのがベストです。

たとえば神経質な人は、その気質自体はなかなか変えられません。でも見方を変えれば、慎重な性格であると言い換えられます。ならば慎重さがいい方向で作用する部分で自分の気質を発揮し、ネガティブな作用のほうを相殺《そうさい》する形でバランスをとっていく。そんなふうにすれば、自分の気質にフィットする個性を、ちょうどいいバランスで発揮していけると思います。

26 孔子には「意」「必」「固」「我」はなかった

（子罕《しかん》第九　四）

子《し》、四《し》を絶《た》つ。意《い》なく、必《ひつ》なく、固《こ》なく、我《が》なし。

【訳】　先生には、次の四つのことがなかった。自分勝手にやる〈意〉がなく、何でもあらかじめ決めた通りにやらなければ気がすまない〈必〉がなく、一つのことに執着する〈固〉がなく、利己的になって我を張る〈我〉がない。

ガンコな高齢者は嫌われる

「意」「必」「固」「我」の四文字は、ガンコな高齢者の特徴をズバリ指摘している感じがします。孔子のもともとの性格はどうあれ、おそらく年齢を重ねて「こういう年寄りになってはいけない」と意識的に注意していたのではないでしょうか。

これを**「六十にして耳順がう」**と合わせて考えると、六十歳になったら人の話に耳を傾けて「そうだね」とにこやかに、柔軟に対応する姿勢が必要だと思えます。

「あの人はガンコだけれど筋の通ったことを言う」部分があればまだしも、自分の利益になることを通して、しかもガンコとなると、誰の役にも立たずに嫌われるだけです。我を張るのはほどほどにしたほうが、愛される高齢者になれます。

27 厳しい局面になったときにわかること

（子罕《しかん》第九　二九）

歳《とし》寒《さむ》くして、然《しか》る後《のち》に松柏《しょうはく》の彫《しぼ》むに後《おく》るることを知《し》る。

【訳】　寒さが厳しくなってくると、松や檜《ひのき》のような常緑樹が枯れにくいことに気づく。人もまた厳しい局面になったときに真価が問われるのだ。

「無常観」をもって生きる

松や檜を眺めながら、「あぁ、冬の間も変わらずに生きているなぁ」と思い、自分も最後まで天寿《てんじゅ》をまっとうしようという気持ちになる。木にはどこかしら、人が生きていくことと重なるイメージがあるように思います。

世の中は移り変わるもの

人生において「歳が寒くなる」とは、状況が悪くなることを意味します。中高年の場合は、老後の生活や病気、死などに対する漠《ばく》とした不安感がその一つと言えるでしょう。そんなときにも心がブレずに生きていく一つの方法として、日本人は「無常観」を支えにしてきました。この世は常ならぬもの、すべて移り変わるものである、という人生観です。『平家物語』の冒頭を思い出してください。

「祇園精舎《ぎおんしょうじゃ》の鐘《かね》の声《こえ》、諸行無常《しょぎょうむじょう》の響《ひびき》あり」

日本人はこの一文から始まる冒頭のくだりを好んで暗唱《あんしょう》し、知っているだけではなく、かなり深いところで無常観を意識して生きていたような気がします。

また宮沢賢治《みやざわけんじ》も『春と修羅』という詩の序のところで、自分は一つの現象にすぎず、「風景やみんなといっしょに忙しく明滅しながら、いかにもたしかにともりつづける一つの青い照明だ」というようなことを言っています。

自分を含めたすべてが移り変わる現象だとする、無常観にも通じるこの考え方は、弱いようでけっこうタフなものです。死ぬことをも一つの運命として受け入れていくわけですから、心がブレにくい。いわば「無常力」です。

肚をつくることが成熟

もう一つ、日本人が古来生きる支えにしてきたものに、「肚力《はらぢから》」という強い精神力があります。

危機的状況に立たされたときなどに、臍下丹田《せいかたんでん》——おへその指三本分くらい下のところの奥のほうに心を落ち着け、冷静果断に行動できるのは「肚がある」人。逆に、パニックに陥って自分を見失ってしまうのは「肚のない人」。昔はそういう呼び方をして、肚力を鍛えて肚をつくることが成熟とされていました。

つまり肚が据わっていれば、人生のどんな局面にあっても心がブレることはなくなるのです。

木が映す生のイメージと無常観と肚力、この三つを支えにすれば、老いへの不安に動じることなく生きていけるのではないでしょうか。

28 信用を失わないために

与《とも》に言《い》うべくしてこれと言《い》わざれば、人《ひと》を失《うしな》う。
与《とも》に言《い》うべからずしてこれと言《い》えば、言《げん》を失《うしな》う。
知《ち》者《しゃ》は人《ひと》を失《うしな》わず、亦《ま》た言《げん》を失《うしな》わず。

（衛霊公《えいれいこう》第十五　八）

【訳】　ある人の意見に賛同すべきときに、ともに発言しないと、その人と信頼関係が結べない。賛同すべきでないときに、ともに発言し賛同すると、言の信用を失う。知者は、そのようなあやまちを犯さないので、人の信用も、言の信用も失うことはない。

次につながるタイミングを逃さない

言うべきタイミングを逃したために、人間関係が気まずくなったり、事がうまく運ばなくなったりすることはよくあります。

六十代ともなれば、タイミングを計る術《すべ》に長《た》けているはず。「この人にいま声をかけておけば、後々いい人間関係が築けそう」とか、「このチャンスをいまつかんでおけば、将来につながる」と思ったら、すぐ積極的に行動することです。

ポイントは「次」を考えること。私も一冊の本をつくり終えたタイミングで次の本の企画の相談をするとか、親しい友人たちと集まったときに次に会う時期を決めるなど、常に「次」を意識してタイミングを計るようにしています。

29 徳のある者を友人にして自分を磨く

子貢《しこう》、仁《じん》を為《な》さんことを問《と》う。子曰《しのたま》わく、工《こう》、其《そ》の事《こと》を善《よ》くせんと欲《ほっ》すれば、必《かなら》ず先《ま》ず其《そ》の器《き》を利《と》くす。是《こ》の邦《くに》に居《お》りては、其《そ》の大夫《たいふ》の賢者《けんじゃ》に事《つか》え、其《そ》の士《し》の仁者《じんしゃ》を友《とも》とす。

（衛霊公《えいれいこう》第十五　一〇）

【訳】　子貢が〈仁〉の徳の身につけ方についておたずねした。先生は言われた。

「職人が仕事をうまくやりたいなら、必ずまず道具を磨く。そのように、その国の政務を担当する大夫の中からすぐれた人物を選んでお仕えし、士人の中の仁徳ある者を友だちとして、自分を磨きあげることだ」

人間関係という道具を研《と》ぐ

孔子は「仁という徳を持つことが、人格形成においては大事である。それが生きる目標でもある」としています。それだけに『論語』には、門弟たちが孔子にどうすれば仁を身につけることができるかを問う場面が、たくさん出てきます。

おもしろいのは、場面や門弟によって、いろんな答え方をしているところです。

人間関係を練り直す

六十代になると、友人の存在が独特の重みを持ってきます。退職などを境に、仕事がらみのつき合いが減る、あるいはパタリとなくなり、その分、どういう人と親しくつき合うかで自分の心持ちも人生も大きく変わってくるからです。

つまり、六十代は「人間関係の練り直しをする年代」というふうにも捉えられます。そのときに大事なのは、自分の後半生にいい影響・いい刺激を与えてくれそうな、人格的に優れた人を友人に選ぶことです。

たとえば「仕事上の関わりはなくなったけれど、この人とのつながりは大切にしたい」とか「近ごろはちょっと疎遠になっていたけれど、時間に余裕ができたこれからは学生時代に親しかったあの人との交友を深めたい」といった思いのある人に、自分から連絡を取って会うようにする。あるいは地域の活動団体など、新しい世界に飛び込んで人間関係を広げていくのもいいでしょう。

そんなふうにしてだんだんに人間関係が精錬《せいれん》されてくると、六十代ライフがぐっと充実するのではないでしょうか。

人間関係のなかから徳が生まれる

また、この言葉のおもしろいところは、「徳のある人を友とすれば、自然と自分の人格も磨かれる」としている点にあります。自分に仁が身についていることよりも、ほかの人との関係性のなかで仁が磨かれる、という考え方ですね。

孔子がたとえとして「職人さんがまず自分の道具を磨いて、仕事の腕を上げるように」と言っている視点に立てば、「自分の徳を磨くために、まず人間関係という道具を研《と》ぐ」というふうに捉えていいでしょう。

旧知の友でも、新しく知り合った人でも、本当に人柄の善い人を友にすることは、自分自身の人格を磨くことにもつながるのです。

30 礼をもって教えを求める人には教える

（述而《じゅつじ》第七　七）

束脩《そくしゅう》を行《おこ》なうより以上《いじょう》は、吾《わ》れ未《いま》だ嘗《かつ》て誨《おし》うること無《な》くんばあらず。

【訳】　人に教えを求めるときには、最も軽い手みやげである乾肉《ほしにく》十本くらいは持っていくべきだ。そういう最低限の礼をふまえた者ならば、私はこれまで教えなかったことはない。

「教える・教わる」という関係性を持つ

「述而第七　二八」に、互郷《ごきょう》という風紀の乱れた地方から子どもが教えを求めてやって来た、という話が出てきます。門人たちは「あんな地方の人間を教えるのですか？」と戸惑うのですが、孔子はきっぱりこう言っています。

「其《そ》の進《すす》むに与《くみ》するなり。其《そ》の退《ひ》くに与《くみ》せざるなり。唯《た》だ何《なん》ぞ甚《はなは》だしき。人《ひと》、己《おの》れを潔《いさぎよ》くして以《もっ》て進《すす》まば、其《そ》の潔《いさぎよ》きに与《くみ》せん」

「来る者は拒《こば》まず、去る者は追わず」と言いますが、孔子はその子が自ら進んでやって来たことを評価しています。土地柄という先入見で怪しむのはひどいことで、人が身と心を清くしてやって来るのなら力になろうと。

人に何かを教えることに関して、六十代の方にはこの「門戸を開く」感覚を持っていただきたいところです。

礼を失する人とはつき合わない

ここで学ぶべきもう一つのことは、人間関係というのは最低限の礼儀をわきまえればスムーズになる、ということです。

大人なら礼儀をわきまえているのは当たり前なのですが、世の中にはそうではない変な人もいます。若いうちなら、いろんな人とつき合うのも経験ですが、六十歳を過ぎたらそんな人とつき合う必要はないでしょう。

孔子の言う「束脩」、乾肉一束に関連することで言えば、お金をケチるのは感心しません。たとえば食事に行って、みんなで割り勘にするときに逃げてしまう。お勘定の前に自分の分を払わずに帰る。あるいは世話になったり、お祝いの品をもらったりしたときにお礼もしない。些細なことのようですが、そのために人間関係を失うこともあります。

礼を失する人とはつき合わないと同時に、自分自身も礼をわきまえて人づき合いをするよう心がけたいところです。

自分をもう一度、教わる生徒の立場に置く

六十歳ともなれば「教える立場」に回る場面が多いかもしれません。でも市民大学とか各種カルチャーセンターなどでは、多くの高齢者たちが月謝を払って何かを学んでいます。そんなふうに、自分をもう一度、「教わる生徒の立場」に置いてみることも、なかなかいいものです。

そこでは先生のほうが若い場合もあるでしょうが、生徒として先生に礼を尽くすことが大

切です。それは屈辱的なことでも何でもなく、むしろ気分が若返って楽しいのではないでしょうか。

私自身、いま二十代の若い先生にチェロを教わっていて、「教える立場」にあるときとはまた違った新鮮な楽しさを味わっています。なにしろ先生がチェロを弾くと、私が弾いているのと同じ楽器とは思えないほど、音の響きが全然違います。素直に尊敬できるのです。心が柔軟になる気もします。

そんな経験から、人づき合いにおける「教える・教わる」という関係性は、高齢の人には合っていると実感しています。

4章

次世代を導く

31 貧しくても人としてなすべき道を楽しむ

子貢《しこうい》曰わく、貧《まず》しくして諂《へつら》うこと無《な》く、富《と》みて驕《おご》ること無《な》きは、如何《いかん》。

子曰《しのたま》わく、可《か》なり。

未《いま》だ貧《まず》しくして道《みち》を楽《たの》しみ、富《と》みて礼《れい》を好《この》む者《もの》には若《し》かざるなり。

子貢《しこうい》曰わく、詩《し》に云《い》う、

切《せつ》するが如《ごと》く磋《さ》するが如《ごと》く、琢《たく》するが如《ごと》く磨《ま》するが如《ごと》し

とは、其《そ》れ斯《こ》れを謂《い》うか。

子曰《しのたま》わく、賜《し》や、始《はじ》めて与《とも》に詩《し》を言《い》うべきのみ。諸《こ》れに往《おう》を告《つ》げて来《らい》を知《し》る者《もの》なり。

(学而第一《がくじ》 一五)

【訳】　子貢が先生にたずねた。

「貧しくてもへつらわず、金持ちでもえらそうにしないというのは、どうでしょうか？」

先生が答えられた。

「悪くはないね。けれども、貧しくても人としてなすべき道を楽しみ、金持ちでも礼儀を好む者には及ばない」

子貢が言った。

「『詩経《しきょう》』に『切るがごとく、磋するがごとく、琢つがごとく、磨くがごとく』《切磋琢磨《せっさたくま》》とあります。この言葉はそのことを言っているのでしょうね」

先生は言われた。

「子貢よ、それでこそはじめて詩の話をいっしょにできるというものだ。一つ言えば、次をわかってくれる君となら、言葉のやりとりを楽しめるね」

向上心をもって道を楽しむ

「お金があってもなくても、そんなことは大した問題じゃあない。人生を楽しむことが大事なんだよ」——お金の不安がつきまとう後半生において、孔子のこの言葉は力強い支えになるのではないでしょうか。

お金よりも大事なこと

「道を楽しむ」とは、向上心をもって何かに取り組み、人格や教養を磨くのを楽しみとすることです。そのときにあまりお金のある・なしを気にしすぎると、そのことで心のスペースがいっぱいいっぱいになってゆとりを失い、人生の時間をムダにしてしまうことになりかねません。

それに本当のところ、お金は来世に持って行けるものではないので、生活に不自由ない程度にあれば、それでヨシとするべきでしょう。高齢者が必要以上にため込むことばかりに執着すると、世の中にお金が循環しなくなり、次世代を苦しめることにもなります。

かつて政治家の金丸信《かねまるしん》が、自宅の床下にしこたま金の延べ棒を蓄《たくわ》えていて世間を驚かせましたが、これは一種の老醜《ろうしゅう》とすら映ります。そんなことよりも、エネルギーを注ぎ込める何かを見つけることのほうが、ずっと生産的でしょう。

たとえば私の知り合いに、五十代後半くらいから俳句や短歌に夢中になって、新聞の俳句欄に投稿することを楽しみにしている人がいます。近所を散歩したり、旅をしたりするなかで、ふとひらめいて一句……という感じ。自分の句が新聞に掲載されると、あちこちに連絡する。こちらまで楽しくなります。周囲の若者たちにも「年をとるのもいいな」といい刺激を与えるのではないでしょうか。

そういった目標を持っているとまた、生活もアクティブになります。句作をきっかけに、山に登ろうとか、花の名所を訪ねよう、歴史をたどる旅にしよう、といった気持ちが芽生えます。それでいろんな場所にお金を落とせば、ちょっとした経済効果を生むことにも貢献できます。

一生やっても飽きない趣味を持つ

高齢者にとっての趣味は、いつまでやっても終わりがない感じで、一生飽きずに続けられるものであることが一つのポイントになるでしょう。

たとえば「書」。書道塾を開いている武田双雲《たけだそううん》さんは、「まずは思いきって、自分の字を楽しむ」ように指導しているそうです。展覧会の場を設け、生徒さんたちに思い思いの字を書いて持ち寄ってもらうと、非常に盛り上がると言っておられました。展覧会が一つのエネルギーの出し場所になるようです。

また金田石城《かねだせきじょう》さんという書道の大家がテレビでご一緒したときに言ってらしたのは、「字の形だけで満足しちゃう人は、すぐに飽きる。形ではなくて線が生きているかどうかにこだわると、いくらやっても飽きない」ということです。

たかが一本の線、されど一本の線……同じ線を二度と書かないと決めると、一本の線がまさに生き物のようで、終わりのない楽しみが得られそうです。

ちなみにこの問答の最後の部分に「切磋琢磨」という言葉が出てきます。仲間をつくって、互いに励まし合いながら学徳を磨く。そんなふうに道を楽しむのも、飽きずに趣味に没頭できる秘訣と言えそうです。

32 小さな失敗を許し、優秀な者を抜擢せよ

（子《し》路《ろ》第十三　二）

仲弓《ちゅうきゅう》、季《き》氏《し》の宰《さい》と為《な》りて、政《まつりごと》を問《と》う。子《し》曰《のたま》わく、

有司《ゆうし》を先《さ》きにし、小過《しょうか》を赦《ゆる》し、賢才《けんさい》を挙《あ》げよ。

曰《い》わく、焉《いず》くんぞ賢才《けんさい》を知《し》りてこれを挙《あ》げん。曰《のたま》わく、爾《なんじ》の知《し》る所《ところ》を挙《あ》げよ。爾《なんじ》の知《し》らざる所《ところ》、人《ひと》其《そ》れ諸《こ》れを舎《す》てんや。

【訳】　仲弓が魯《ろ》国の重臣である季氏に仕えて家臣の長となったとき、政治についておたずねした。先生はこう言われた。「まず役人たちに担当の仕事をしっかりさせる。そして、小さな失敗は許す。そのうえで優秀な者を抜擢《ばってき》するといい」。仲弓が、「どのようにすれば優秀な者を見つけられるでしょうか」とたずねると、こう答えられた。「おまえがこれぞと思った人物を抜擢すればいい。才能のある人物は、おまえが見出せなくとも他の人がきっと推薦してくれるだろう」

評価のポイントをはっきりさせる

「小過《しょうか》を赦《ゆる》し、賢才《けんさい》を挙《あ》げよ」は、覚えておくといい言葉ですね。逆に禁句としていただきたいのは「一事《いちじ》が万事《ばんじ》」。小さなミスをあげつらって「君は一事が万事、そうだよね」というような評価をすると、近ごろの〝打たれ弱い若者〟は大きく凹んでしまいかねません。年長者には、若い彼らの才能の芽を摘まないためにも、小さなミスに関しては寛容であることが求められます。

評価は創造である

ニーチェは『ツァラトゥストラ』のなかで、「評価は創造である」と言っています。私も同感です。学生一人ひとりのどこを評価すれば、どんな能力が伸びるかを考えて授業をする、それが「若い才能の創造」につながると考えています。

実は二十代のころ、私自身が論文審査で面接官から枝葉末節《しようまつせつ》の質問ばかりされて、「五年がかりで書いたこの論文のポイントはそこじゃないのに」と不満を感じた苦い経験があります。それで「評価する人は、それをやった者がどこに一番力を入れたかを見抜いて、そのポイントで評価をするべきだ」と強く思ったのです。

若い人を育てる立場にある方には、評価のポイントをはっきりさせることが求められるでしょう。彼らの才能を伸ばすも殺すも、評価の目しだいなのです。

とにかくほめてやることが大事

評価の目は、ちょっとしたことでもほめてやるようにしていると、意外と磨かれていきます。人間というのはやはり、ほめられれば気分が良く、いっそうがんばるものです。とにかくほめながら、若い人の才能がどんなふうに伸びていくかを見ていると、だんだんに評価のしどころ、ほめどころというものがわかるようになります。

アメリカなどでも「クラップ&プレイズ」と言って、事あるごとにポンと手を叩いて「それ、いいね」とほめよう、という練習が行なわれています。「トラブル、うまくかわしたね」「その年齢でその肌艶《はだつや》、大したもんだ」「いま使ったその言葉いいね」など、何でもいいから気がついたらポンポン手を叩いてほめるのです。そういう練習をしていると、周りとの関係性も良くなります。

これは練習をしないとなかなか身につかない能力ですので、みなさんも日ごろから練習していただくとよいのではないかと思います。

33 教える内容は、相手のレベルによって異なる

中人《ちゅうじん》以上《いじょう》には、以《もっ》て上《かみ》を語《つ》ぐべきなり。
中人《ちゅうじん》以下《いか》には、以《もっ》て上《かみ》を語《つ》ぐべからざるなり。

（雍也《ようや》第六　二一）

【訳】　中級以上の人には、高度なことを話せるが、中以下の人には話せない。教える内容は、相手のレベルによって異なるのだ。

人を見て話し方を変える

ちょっと意外に思うかもしれませんが、孔子は誰に対しても同じように接しなくてはいけない、とは考えていなかったんですね。『論語』でもたしかに門弟によって話す内容が異なりますから、常に相手のレベルを意識していたのでしょう。

これはレベルの低い人をバカにしているのではなく、むしろ逆です。相手が理解できないことをペラペラしゃべるよりは、理解できることを話すほうが、ある意味で親切と言えるでしょう。

孔子が「**中人以上**《ちゅうじんいじょう》」としている人は、「論理が通じる相手」というふうに捉えてよいかと思います。そういう人なら、何か言い争いや感情の行き違いがあっても、論理的に説明することで、その場の不穏な空気をおさめることが可能です。

ただ世の中には「**中人以下**」、論理能力に欠ける人が少なくありません。そういう人は物事を受け止めたり、発言したりするときに感情的になるので、論理的にはこちらが正しくとも、まずは感情面の処置を優先させる必要があります。

こう言っては何ですが、論理が通じない相手にいくら論理的に難しい話をしても意味はありません。できる限り話を簡略化して、わかりやすく伝えることも考えたほうがいいでしょう。

秘密を守れない人に余計なことは言わない

「中人」の以上と以下を分けるもう一つのポイントは、信用できる人かどうか、というのもあるでしょう。何でもオープンに話す人がいますが、相手が信用できない人だと、あっちこっちであること・ないことをしゃべられて、大変な思いをする危険があります。とくに秘密の話は相手を選んで、ちゃんと秘密を守れる人にだけ話すよう注意が必要です。

昔ですと、銀座のクラブのホステスさんは秘密が守れることで、評価が高かったようです。値段も高いが、信用度も高い。しかし、最近はそうでもなくて、週刊誌などに彼女たちの暴露記事が出ることもあるほどです。これでは信用を失う。秘密を守れそうもない人には、あれこれしゃべらないのが現実的な方策でしょう。

相手のレベルや信用度に応じて接すればいいと思うことで、人間関係はむしろラクになっていく。同じ話をいつもする「人間ジュークボックス」にはなりたくありません。人の水準やタイプを見て、言うことを柔軟にアレンジしていく。これは親切であり、またこちらの柔軟性を保つ練習にもなります。

34 私は隠しごとなどしない

二三子《にさんし》、我《わ》れを以《もつ》て隠《かく》せりと為《な》すか。吾《わ》れは爾《なんじ》に隠《かく》すこと無《な》し。吾《わ》れ行《おこ》なうとして二三子《にさんし》と与《とも》にせざる者《もの》なし。是《こ》れ丘《きゅう》なり。

【訳】君たちは、私が隠しごとをしていると思うか。何も隠しごとなどはない。私の行動はすべて君たちとともにある。それが私、丘なのだ。

（述而《じゅつじ》第七 二三）

身も心もオープンでいられる仲間を持つ

孔子が門弟たちに「隠しごとがない」と言っているのは、たぶん本当でしょう。というより、みんなで諸国放浪の旅をしていたわけで、門弟たちに隠れて色事を楽しむとか、裏金をもらうといった隠しごとのしようがなかった部分もあります。もちろん、孔子はできる状況であっても、隠しごとなどしない人ですが。

年の離れた若い人を仲間に

それはさておき、隠しごとがなくオープンでいられるというのは、「どこから誰に見られても恥ずかしくない」と自信をもって人と接することができるので、気分が晴れ晴れとして、なかなか良いものです。しかも孔子のように、一緒に行動する若い仲間がいれば、それほど幸せなことはありません。

どうしたって退職すると人づき合いが激減しますから、「気がついたら、ひとりぼっちだった」ということになりかねません。そうならないようにできれば五十代後半くらいから仲間づくりを意識しておくことが望ましいでしょう。飲み仲間とかゴルフ仲間、カラオケ仲間、釣り仲間、旅行仲間など、いっしょに遊べる気の置けない仲間がいると、人生の救いにもなろうかと思います。

同年代の仲間だけでなく、友人的存在の若い仲間が持てると、なおいいですね。

体からオープンな心をつくる

私がずっとやってきた「身体論」の観点で言うと、体をほぐすことでオープンな気分になれることがあります。

具体的には、膝《ひざ》の屈伸を使って軽くジャンプする、あるいは体を上下に揺すって、ハッハッと息を吐く。そうすると、体がほぐれてきて、同時に気分も何となく軽くなっていきます。

私はこの「軽いジャンプ」を一日に十回以上やります。トイレに行くときなど、いつも体をほぐす感じです。「小学生の体に戻る」イメージでやります。

年をとって依怙地になったり、あまり笑わなくなったりするのは、実は体がかたまってしまうことが原因の一つです。日に何度か、気がついたら軽く体を上下する運動をするように努めてください。身も心もオープンになりますよ。

35 君子は、人の美点をほめて向上させる

君子《くんし》は人《ひと》の美《び》を成《な》す。
人《ひと》の悪《あく》を成《な》さず。
小人《しょうじん》は是《こ》れに反《はん》す。

【訳】 君子は、人の美点をほめて向上させ、逆に悪いところは正してなくしてやる。小人はまったく逆のことをする。

（顔淵《がんえん》第十二 一六）

若手の強みを見つけてあげる

六十歳からは君子の生き方を目指してほしいと思います。君子と聞くと「清廉潔白《せいれんけっぱく》で欲のない人」というイメージかもしれませんが、孔子の言う君子はもうちょっと積極的な、人間関係のワザを持っていることを含むような気がします。

ようするに人格だけではなく、実際的な行動の違いにも目を向けているのです。この言葉からは「次世代との君子的な交わり方」のヒントが読み取れます。

良いところを伸ばし、悪いところを小さくしてあげる

孔子の言う「**人《ひと》の美《び》を成《な》す**」とは、人が得意としている強みを引き出してあげることを意味します。

人には得手《えて》・不得手があって、教師にも「ライブがものすごく好きで、授業はとても上手にやるけれど、試験の問題をつくるのは苦手で急にふーと落ち込んでしまう」人がいます。そういう人に、たとえば上司が「君はすばらしい授業をやるね。その調子でがんばりなさい」と言ってやると、もう授業のほうに疲れを知らない勢いでがんばって、いつの間にか苦手なテスト問題づくりの苦痛が軽減している、といったことが起こります。そんなふうに若手の得意なところを伸ばし、悪いところを小さくしてあげるのが、君子的な指導のあり方なのです。

小人の指導は逆で、悪いところを直させることばかり要求してしまいます。そうすると若手は縮《ちぢ》こまって、強みを伸ばせなくなってしまいます。

六十歳くらいになったら、悪いところを指摘するよりは、いいところを伸ばしてあげるほうのポジションに入りたいもの。それを若手との人間関係の基本にしていただきたいと思います。

やっていて疲れないことが強みの証

強みを見分ける一つのポイントは、「その人が何をやっていたら疲れないか」にあります。

宮沢賢治の『生徒諸君に寄せる』という詩のなかに、「**この四カ年がわたくしにどんなに楽しかったか　わたくしは毎日を　鳥のやうに教室で歌ってくらした　誓って言ふが　わたくしはこの仕事で　疲れをおぼえたことはない**」という言葉があります。そんな感じがあるなら、それは間違いなくその人の強みです。

そういった強みが見つかったら、あとは「筋がいい」「センスがいい」といった言葉でほめてやる。そうすれば若手は気持ち良くなって、ぐんぐん伸びます。

36 下の者には「労」、上の者には「忠」

（憲問《けんもん》第十四 八）

これを愛《あい》して能《よ》く労《ろう》すること勿《な》からんや。
忠《ちゅう》にして能《よ》く誨《おし》うること勿《な》からんや。

【訳】 わが子を真に愛するならば、りっぱな人物に育てるために、あえて苦労をさせずにはいられない。真に君主に〈忠〉であるならば、ただ従うだけでなく、問題のあるときはあえて進言し教えないではいられない。

上下関係を良くする要諦は「労」と「忠」にある

孔子はここで、下の者を指導するときは「労《ろう》」、上の者に進言するときは「忠《ちゅう》」がポイントになることを提示しています。たった二文字ながら、会社でも家庭でも、上下関係を円滑にするうえで役に立つ、非常に含蓄のある教えです。

ねぎらってやると疲れが減る

「労」には二つ意味があって、一つは訓読みして「ねぎらう」ことです。最近は慰労会とか打ち上げの飲み会などが減ってきたようですが、だからこそ上司は意識して慰労の機会を持つ必要があるでしょう。

何か一つの仕事を終えたときに「大変だったね。お疲れさん」と声をかけてあげる、あるいは部員たちに「お疲れさん会を兼ねて、ちょっと飲みに行こうか」と誘う、ささやかなご褒美をあげる、といった配慮をしてあげると、部下はその一言で疲れが吹き飛びます。その後の士気にもいい影響が出るはずです。

「労」のもう一つの意味は「苦労」。「かわいい子には旅をさせよ」精神で、見込みのある部下に少しきつい課題を与えると、能力を伸ばしてやることができます。

私もかわいい学生たちに毎週、たとえば「インターネットなどの情報機器を使ったいい授業を考えてきなさい」とか「『型』を活用した授業やプランを考えてきなさい」といった、けっこう抽象的で難しい課題を出しています。しかも全員発表方式で、いい発表に対して投票してもらうことにもしているので、学生たちは毎週かなりのプレッシャーを背負って準備してきます。

ラクなことをやらせるより、ちょっと苦労の多い課題を明るくやらせて、出来がいいとほめる。そんなサイクルのなかで、学生たちの能力が伸びたことを実感しています。「大変だったけど達成感がある」と学生はみな言います。

頭ごなしではなく「言い方」に気をつける

「忠」についても二つ、「真心をもって教えなさい」という意味でもあるし、「上司に対しても媚《こ》びずに、ちゃんと意見を言いなさい」というふうにもとれます。

いずれにせよポイントは「言い方に気をつける」こと。頭ごなしに批判するのでなく、とりあえず全体をほめ、「ただ、ここをちょっと変えればもっと良くなる」と前向きに改善点を示すのがいい。誰に対しても、耳の痛いことを言うときは、「ほめる・苦言を呈する・ほめる」のサンドイッチ方式がベストでしょう。

37 自分の非には厳しく、他人の非にはゆるく

（衛霊公《えいれいこう》第十五　一五）

躬《み》自《みずか》ら厚《あつ》くして、薄《うす》く人《ひと》を責《せ》むれば、則《すなわ》ち怨《うら》みに遠《とお》ざかる。

【訳】　自分の非には厳しく、他人の非にはゆるく。そうすれば、人から怨まれることはない。

人柄の丸い長老を目指す

四十代半ばくらいまでは、誰しも「競争社会を勝ち抜かねば」という気概をもって仕事に取り組む時代ですが、六十代になり、定年を迎えれば、もう競争の舞台から降りつつあります。

そのときに心がけたいのは、若手を厳しく指導するのは四十代・五十代に任せて、自分はできるだけゆるくしていくこと。いい年をして若手に青筋を立てたり、何か問題が起きたときに責任逃れをしたりするのは、あまりかっこうが良くないし、自分自身も気分が良くありません。周囲から「人柄が丸くなったね」「責任を一身に引き受けてくれる度量があるね」と言われる長老を目指してください。

38 理由なく悪く言ったり、ほめたりはしない

（衛霊公《えいれいこう》第十五　二五）

吾《わ》れの人《ひと》に於《お》けるや、
誰《たれ》をか毀《そし》り誰《たれ》をか誉《ほ》めん。
如《も》し誉《ほ》むる所《ところ》の者《もの》あらば、
其《そ》れ試《こころ》みる所《ところ》あり。

【訳】　私は人を、理由なく悪く言うことも、ほめることもない。もしほめることがあるとすれば、根拠があってのことだ。

「曇りのない目」を持つ

〝ほめる〟ことが、日本を明るくする。それが私の持論ですが、孔子が言うように無闇にほめても意味はありません。それでは単なるお世辞。ちゃんと根拠があったうえでほめることが大切です。それはつまり、評価がフェアである、ということです。とくに六十歳を過ぎてまだ、好き嫌いで人を評価するようなところがあると、人格的に偏《かたよ》っている感じがして、年齢なりの成熟が疑われてしまいます。

たとえば福沢諭吉は

次世代を評価することで言えば、たとえば福沢諭吉《ふくざわゆきち》は男尊女卑・長男偏重主義の時代にあっても、四男五女・九人の子どもたちを分け隔てなく育てました。『福翁自伝《ふくおうじでん》』には、こんなくだりがあります。

「四男五女の其男の子と女の子と違いのあられよう訳けもない。(中略)**娘の子なれば何が悪いか、私は九人の子がみんな娘だって少しも残念と思わぬ。**(中略)**男女長少、腹の底から之を愛して兎の毛ほども分け隔てはない」**

福沢諭吉はまた、江戸中期から女性の教育に用いられるようになった教育書『女大学《おんなだいがく》』にある、「娘時代は親に従い、結婚したら夫に従い、老いては子に従う」というような考え方を徹底的に批判した人でもあります。女性だからといって男性に従わなければならないのはおかしいと、男女同権を説いたのでした。

明治時代にあって、福沢諭吉ほどフェアに人間を見ていた人は少なかったでしょう。性差だけではなく、人種的・民族的偏見など、世の中にはいまなお根強い差別がありますが、それはあってはならないことです。高齢者はそういった差別意識の残る時代の影響を少なからず受けていますから、自分に妙な偏見や思いこみがないかどうかを問い、努めて人物本位で人を見るように心がけたいものです。

自分を勘定に入れないことがポイント

良いことは良い、悪いことは悪い――何事も是々非々で判断するためには、「自分を勘定に入れない」ことを意識するといいでしょう。自分を勘定に入れると、自分の好き嫌いや都合を優先させ、客観性・公正さを保ちにくいのです。「雨ニモマケズ」にも「**ジブンヲカンジョウニ入レズニ**」とあります。

年齢が上がれば上がるほど、公正さは人物を上げる重要な要素になります。若手を導く立場の者として、アンフェアな態度は恥ずべきことと心得てください。

39 教育は人を選ばない

（衛霊公《えいれいこう》第十五　三九）

教《おし》えありて類《るい》なし。

【訳】　教育は人を選ばない。どんな人間も教育によって向上させることができる。

自分が次世代に残すべき「型」を考える

「人によって能力は千差万別《せんさばんべつ》だが、誰もが教育によって立派な人間になるものだ」とする孔子のこの考え方は、教育の核心とも言うべきものです。

若手を教育する立場にある人は、まずそういう確信をもって指導に臨《のぞ》むべきでしょう。そのうえで必要なのが、「能力を伸ばす」ための工夫をすることです。

「型」は普遍的な教育プログラム

一番のポイントは、教えられる人のタイプや能力とは関係なく、誰にとっても有益な「型」を教え込むことです。「型」とは、たとえば「全員、しこを踏め」とか「全員、九九を覚えろ」「全員、こういうふうに素振《すぶ》りをしろ」といった、何かを修得するための基本を意味します。

この「型」を身につけると、センスや能力のない人でも一定の水準まで能力を伸ばすことができます。

問題は「型」の設定が難しいことです。間違った「型」を教えると、伸びる人も伸びなくなってしまうからです。しかも現代は、インターネットやアプリなど、いろんな新しい学習手段が出てくるなかで、それらをどう活用するかも考えなくてはいけません。状況に対応しながら、常に「いまの時代に『型』を教えるには、どうすればいいだろう」ということを考えなくてはいけません。

子どもたちへの教育だってそう。小中学生がやることはさほど変わりませんが、高校生くらいになると、たとえばパソコンを駆使して「今日は醤油《しょうゆ》会社のホームページを閲覧して、バーチャル工場見学をしながら製造プロセスを学びましょう」といったプログラムを授業に取り入れるのもアリです。

そんなふうに、教える人は工夫しながら新しい「型」をどんどんつくって試してみるといいと思います。

ルートを指し示す

もう一つ、教える人が考えなくてはならないのは、人によって異なる「伸びるポイント」に応じた工夫をすることです。

英語学習を例にとっても、耳から入るとうまくいく人、単語を大量に覚えることから始めるとうまくいく人、英文解釈からやらせるとうまくいく人……得手・不得手に応じて、能力を伸ばすルートはさまざまです。

そういうルートを工夫できると、「**教《おし》えありて類《るい》なし**」というところにたどり着けると思います。

ここは「一つの山を登るにも、いろんなルートがあるんだ」と思って、教える若手に適したルートを指し示し、「君はこの方法で『型』を身につけなさい」と指導するように努めるといいでしょう。そのためには、教える自分の頭を柔軟にしておく必要もありますね。

一つの「型」を押し通す手もある

その一方で、「自分はこれだけを言い続けて死ぬ」というような「型」があってもいいと思います。

私自身、いろんな教育方法を開発するのが好きで、その取り組みを続けていますが、誰にでも通用する「型」としてガンコに言い続けていることもあります。それは、「古典にあるすばらしい日本語を声に出して読む。日本語能力を向上させるには、ひたすら音読です」ということと、「日々の学習には赤・青・緑の三色ボールペン方式を活用しましょう」ということ。

この二つが自分のなかの不変の「型」であり、世間にも認められていることもあって、「結局、あと二十〜三十年、これを言い続けて死ぬのかなぁ」というふうにも思っています。

シンプルで応用が利く。そんな一つの「型」があれば、それを押しとおすやり方も悪くない。その意味では、「自分が次世代に残せる『型』は何だろう」と考えてみるのもいいでしょう。

40「信」がなければ立ちゆかない

子貢《しこう》、政《せい》を問《と》う。子《し》曰《のたま》わく、食《しょく》を足《た》し兵《へい》を足《た》し、民《たみ》をしてこれを信《しん》ぜしむ。子貢《しこう》曰《い》わく、必《かなら》ず已《や》むを得《え》ずして去《さ》らば、斯《こ》の三者《さんしゃ》に於《お》いて何《いず》れをか先《さ》きにせん。曰《のたま》わく、兵《へい》を去《さ》らん。曰《い》わく、必《かなら》ず已《や》むを得《え》ずして去《さ》らば、斯《こ》の二者《にしゃ》に於《お》いて何《いず》れをか先《さ》きにせん。曰《のたま》わく、食《しょく》を去《さ》らん。古《いにし》えより皆《み》な死《し》あり、

民《たみ》は信《しん》なくんば立《た》たず。

（顔淵《がんえん》第十二 七）

【訳】　子貢が為政者《いせいしゃ》の心得をおたずねした。先生はこう言われた。

「民の〈食〉（生活）を十分にし、〈兵〉（軍備）を整え、民の〈信〉を得るように努めることだ」

子貢が、「やむをえず、食・兵・信のどれかをあきらめなければならないとすると、どれが先になりますか」と言うと、「兵だね」と言われた。

なおも子貢が、「残りの食・信のうち、やむをえずあきらめなければならないとしたら、どちらですか」と言うと、こう言われた。

「食だね。もちろん、食が足りなければ大変だが、だれにも死はある。民に為政者に対する〈信〉がなければ、国家も民も立ちゆかない」

下の者に信頼されているかどうかを自問する

孔子は門弟たちを、いまの日本の行政で言うなら大臣とか事務次官になる人材として育てることを目的としていました。人格を磨くことを教えたのは、その一環としてのもの。ですから孔子は文学的な人物というより、むしろ政治経済を取り仕切ることに長けた実際的な人物と言えます。

それで門弟たちによく為政者の心得を尋ねられるのですが、ここでは「食」「兵」「信」という三つを得ることが大切だとしています。

翻《ひるがえ》って、いまの日本はどうでしょうか。とりあえず食料は足りていますが、「食」を「経済」と捉えると、微妙な感じです。また軍備は、外交上の不安が露呈していて、必ずしも十分とは言えません。しかも孔子が一番重要だとする「信」、国民から政治家が信用されているかという点については、大きな疑問符が残ります。

つまり日本はいま、「食」「兵」「信」の三点すべてが不安な状況。政治家や官僚ら行政に携《たずさ》わる人たちはまず、国民との信頼関係を取り戻すことが必要でしょう。

上下の信頼関係があって初めて組織は機能する

会社などの組織も同じです。上の者を下の者が信頼して初めて、組織はきちんと機能するものです。次世代を導くに当たっては、上に立つ六十代のみなさんには常に、「自分は下の者に信頼されているか」と自らに問うことが求められます。

たとえばミスが生じたとき、部下が上司にただちに報告しなかったために、問題がより大きくなるようなことがよくあります。こういうことがなぜ起こるかと言うと、部下が上司を信頼していないからではないでしょうか。

部下のほうに「上司は怒るだけで、適切な善後策を講じてくれそうもない」「上司はきっと責任逃れをするだろうから、自分の査定が下がるだけだ」といった思いがあって、何とか上司に知られずにミスを隠そうとする。そんなふうに、上司に対する信頼が低いと、部下から情報が上がってきにくくなります。

組織にとって、そういう状況は一番怖いことです。上司は部下に対して「とにかく何でも言ってくれ。責任は上司である自分がとるから」という状況を整えておかなければなりません。「部下は信なくんば立たず」を戒《いまし》めとしてほしいところです。

5章

「君子」を目指す

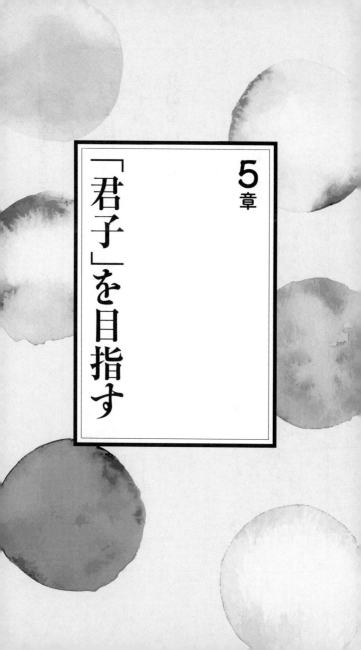

41 君子は争うところなし

君子《くんし》は争《あらそ》う所《ところ》なし。必《かなら》ずや射《しゃ》か。揖譲《ゆうじょう》して升《のぼ》り下《くだ》り、而《しか》して飲《の》ましむ。其《そ》の争《あらそ》いは君子《くんし》なり。

（八佾《はちいつ》第三　七）

【訳】　君子と言われる人格者は、人と争わない。争うことがあるとすれば、弓を射る儀礼のときくらいだ。相手ときちんとあいさつを交《か》わし、順番に堂に上がり射る。競技後は、勝者が敗者に罰として酒を飲ませる。こういう争いはどこまでも礼儀正しく、君子的である。

勝ち負けを超えた楽しみを見つける

若いころは仕事につけ何につけ、勝ち負けを争う場面が多いものです。それがまた発憤のエネルギーになっていたと思いますが、君子のレベルになるとそこはもう超越する感じになっていくのではないでしょうか。

負けても上機嫌

プロゴルファーの横峯《よこみね》さくらさんの叔父《おじ》で、保育園をやっていらっしゃる横峯吉文《よしふみ》さんは、「すべての子どもが天才である！」という理念の下で幼児教育に取り組んでいます。そのなかで印象的だったのは、「学習法の軸に競争原理がある」としていることです。

子どもというのは簡単なことができても喜ばなくて、難しいことにチャレンジしたり、友だちと刺激し合って競争をすると、すごく盛り上がるそうです。

これは大人も同じでしょう。ゴルフなどでもちょっと「昼メシを賭けよう」というように勝ち負けを競う要素を入れると、ふつうにプレイするよりもずっと楽しくなります。だから、勝ち負けを競うこと自体が悪いわけではありません。孔子も「弓を射る儀礼」を例にとり、勝負に際しては礼儀をわきまえ、勝っても負けても、お互いに楽しく終わらせることを君子的としています。

勝負事をして、負けて怒り出したり、機嫌が悪くなったりするようでは、とても君子的とは言えません。ムキになって勝ち負けにこだわらず、ゲーム感覚で勝負事に挑み、どんな結果でも上機嫌でいる。そういう態度が君子的なのです。

君子的楽しみの見つけ方

六十歳を過ぎれば、人生の勝ち負けもそう重要ではなくなってきます。競争を勝ち抜いて成功したとしても、早く死んでしまう場合もあるわけで、人生の幸せはそこにはないことを一度再確認したほうがいいでしょう。

大事なのは、自分の心が豊かになる楽しみを見つけること。その意味で、江戸時代の歌人、橘《たちばなの》曙覧《あけみ》がいくつもの「楽しい時」を歌にした作品を収めた『獨楽吟《どくらくぎん》』などは参考になります。たとえば「**たのしみは珍しき書人にかり始め一ひらひろげたる時**」「**たのしみは妻《め》子《こ》むつまじくうちつどひ頭《かしら》ならべて物をくふ時**」「**たのしみは意《こころ》にかなふ山水のあたりしづかに見てありくとき**」など、日常の些細なことに楽しみを見出していて、心がほっこりします。そういう楽しみの見つけ方が君子的です。競争するところのない次元になっていくといいと思います。

42 社会的地位がないことをなげくよりも……

（里仁《りじん》第四　一四）

位《くらい》なきことを患《うれ》えず、立《た》つ所以《ゆえん》を患《うれ》う。己《おの》れを知《し》ること莫《な》きを患《うれ》えず、知《し》らるべきことを為《な》すを求《もと》む。

【訳】社会的地位がないことをなげくのではなく、そうした地位に立つために必要な力量や知識が自分に欠けていることを反省すべきだ。自分を評価してくれる人がいなくとも、認められるだけのことをしようと努力すべきだ。

これまでの人生を受容する

孔子は二千五百年の時を経ても、世の中によく知られている人物です。けれども生きている間に十分に認められていたかというと、そうでもありません。無官であった時期が長く、自分の力を十全に発揮する場や地位には恵まれていなかったのです。おそらく、孔子自身に「認めてもらえない」ことに対する不満はあったでしょう。この言葉は、そんな気持ちを克服するもののように思えます。

もう悔やんでもしょうがない

地位というのは基本的に人の評価です。そこにはあいまいなところがあって、必ずしも実力が地位に反映されるわけではありません。孔子流に言うなら、「自分の力がないことを気にしなさい」ということになりますが、もう若くはない人はそこをあんまり気に病んでもしょうがない部分もあります。

ここは、この孔子の言葉を「人に認められるだけのことをしなさい」という励ましではなく、「やるべきことをやってきたのなら、思うような地位が得られなくても、もういいじゃあないか。過去を受け入れなさい」というメッセージと捉えるといいでしょう。

一番みっともないのは、認められずにきたことを、いつまでも愚痴ること。聞かされるほうもしんどいし、君子的とは言えません。残り時間を考えたら、いまさら地位も何もないわけで、「自分はしっかりやってきた。何も恥じるところはない」と思って過去を肯定し、受容していくことです。「肯定力」がポイントです。

これからの目標を組み直す

そうしてこれまでのことを受容したうえで、次に必要なのは今後に向けて目標を組み直すことです。というのも、定年退職などで社会との関係性が変化し、「周囲から認められる地位」も自ずと変わってくるからです。

退職後の暮らしを見据えながら、たとえば「家族にジャマにされない、役に立つポジションを手に入れよう」とか、「これまで関わりのなかった地域社会のなかで、地域に貢献する活動家としての地位を目指そう」といった目標を立てるといいでしょう。

これからは、会社より家庭や地域での居場所のほうが大事になってきます。そこで認められることって何だろう、という視点で地位を捉え直すことが必要です。

43 優れた人にも、劣った人にも学ぶことはある

（里仁《りじん》第四　一七）

賢《けん》を見《み》ては斉《ひと》しからんことを思《おも》い、
不《ふ》賢《けん》を見《み》ては内《うち》に自《みずか》ら省《かえり》みる。

【訳】　賢明な人を知って同じになろうと思い、賢明でない人を見て、そうであってはならないと省みることだ。

あらゆる部分で自分にとっての師を持つ

「述而《じゅつじ》第七　二一」に、似たような意味の言葉があります。

「我《わ》れ三人《さんにん》行《おこ》なえば必《かなら》ず我《わ》が師《し》を得《う》。其《そ》の善《よ》き者《もの》を択《えら》びてこれに従《したが》う。其《そ》の善《よ》からざる者《もの》にしてこれを改《あらた》む」

自分より優れた人にも、劣った人にも学ぶことはある、ということです。こういった言葉に触れると、私は子どものころに父の書棚に吉川英治《よしかわえいじ》の『われ以外みなわが師』という本を見つけたことを思い出します。タイトルがズバリ、孔子の言葉と同じですよね。子ども心に「立派なことを言う人だなぁ」と思ったものです。

自分の苦手と相手の得意をすり合わせる

「誰からも何も学べない」というのでは、毎日があまりおもしろくありません。たとえば仲間と何かの趣味やスポーツを楽しむにしても、総合的に見て自分が一番優れているとなると、とたんにやる気が萎《な》えていく場合があります。

私も学生時代、部活のテニスで「部内にはもう自分よりうまい部員はいない」という状況になったことがあります。でもだからといって、上手なテニスプレイヤーがたくさんいる学校に移るわけにもいきません。そこで考えました。

「試合をやったら部内では負けないけど、個々の技術で見れば、自分よりうまい人はいる。自分が苦手なこと、うまくできないことと、みんなの個々の技術をすり合わせて、学べるところを学んでいこう」

つまり、自分の苦手と相手の得意をすり合わせて、学べるところを見出していくわけです。この方法でいくと、けっこう学びの刺激になります。

人間関係の上下感を固定化しない

また年齢がいくと、若い人に何かを教えてもらうことに抵抗感を覚えるかもしれません。そうやって上下感を固定してしまうのは損です。若い人だからこそ、年をとった自分にはないいものを持っているのですから。

たとえばパソコンやスマホの機能をフルに使うことができるとか、流行に詳しいとか、それが自分の知らない・できないことなら、大いに学ぶべきでしょう。

「若い奴らのやることは、ちっともわからん」なんて言っていると、人間関係も楽しみごとも範囲が狭まってしまいます。「これに関しては彼を先生とする」というふうに、自分で勝手に分野別に師を決めて行動するといいと思います。

44「知者」と「仁者」

知《ち》者《しや》は水《みず》を楽《たの》しみ、仁《じん》者《しや》は山《やま》を楽《たの》しむ。知《ち》者《しや》は動《うご》き、仁《じん》者《しや》は静《しず》かなり。知《ち》者《しや》は楽《たの》しみ、仁《じん》者《しや》は寿《いのちなが》し。

（雍也《ようや》第六　二三）

【訳】　知者と仁者とでは性質が異なる。知者は心が活発なので川や海の流れゆく水を好み、仁者は心が落ち着いているので不動の山を好む。知者は動き、仁の者は静かである。したがって、知者は快活に人生を楽しみ、仁者は心安らかに長生きする。

自分のタイプを知る

孔子は知者と仁者と、二つのタイプに分けて、それぞれのいいところを語っています。どちらがいい・悪いではなく、自分はどちらのタイプかなと自問し、後半生をどういうふうに楽しんでいくかを考えるといいのではないでしょうか。

地水火風でいうと、自分はどれ?

自分のタイプを知るということでは、「地水火風《ちすいかふう》でいうとどのタイプ?」と考えるのもおもしろいかと思います。

私はこれをよく市民大学などでやっています。自分がどれかを考えるだけではなく、ほかの人からどう見えるかも合わせて見ていくのです。その場合、「地」はどっしりした山や岩のようなもの、「水」は海・川・湖・滝などの流れるもの、「火」は激しいもの・温かいもの。「風」は実体がなくて移り変わっていくもの、といったところでしょうか。できるだけ具体的なイメージで考えてみてください。

おもしろいのは、自分の思うタイプと人のイメージにズレがあることです。私なども、自分では川の流れを見るのが好きで「水」のタイプだと思うのですが、学生たちに聞くと

「風」だそうです。授業のテンポが速いせいか、教室に入った瞬間にワーッとしゃべって、スーッと去る、みたいなイメージがあるようです。こんなふうに自分では気づかない自分の一面を知ることもできるので、友人・知人たちと〝地水火風談義〟をしてみるのも一興でしょう。

また地水火風のイメージについては、宮沢賢治の童話や詩を読み直すことをおすすめします。『春と修羅』の「どろどろの地」とか、『風の又三郎』の「どっどどどうど」とか、地水火風が実に多彩なイメージで語られています。

自分の好きなものと暮らす

地水火風の四大元素というのは、人間の想像力の基本にあるものです。フランスのガストン・バシュラールという哲学者は『火の想像力』『水の想像力』など、一つひとつをテーマに本を書いたほどです。

その意味でも、自分の好みは何かを考えて、好きなものと暮らすのがいいでしょう。たとえば画家のセザンヌが晩年、山を描き続けたように。そのうえで、知者と仁者、どちらを目指そうかと考えてみてはいかがでしょうか。

45 君子は心が安らかでのびやかだ

君子《くんし》は坦《たい》かに蕩蕩《とうとう》たり。小人《しょうじん》は長《とこしな》えに戚戚《せきせき》たり。

【訳】君子は心が安らかでのびやかだ。小人はいつもくよくよと思い悩んでばかりいる。

（述而《じゅつじ》第七　三六）

のびやかに、ゆるやかに生きる

孔子は謹厳実直《きんげんじつちょく》な堅い人物のようなイメージですが、実はゆったりとした柔らかな人だったように思います。それは君子像を語ったこの言葉からもわかります。自律神経で言うと、いつも交感神経優位で興奮しているのではなく、リラックスする副交感神経優位の時間を持って、バランスよく生きていたのでしょう。

呼吸法で君子の身体感覚を身につける

私自身、若いころはまさに小人と言いますか、何かにつけて考えすぎてしまう傾向がありました。それで、自律神経のバランスをとろうと、ずっと呼吸法をやってきました。つまり「小人的な体から君子的な体に変える」ことによって、精神のバランスを整えることにしたのです。

呼吸法といっても、そんなに難しくはありません。息をゆるく長く吐くだけ。鼻から三秒かけて吸って、二秒保って、十〜十五秒かけてゆっくり口から吐く。イライラしたり、くよくよしたりするとき、「ふー」と細く長く息を吐いて「まぁ、いっか」と言いながら伸びをする。それだけで、呼吸の深い、ちょっと君子的な身体感覚を身につけることができます。

君子の呼吸は深い

このことに関しては、荘子《そうじ》が同じようなことを言っています。

「真人《しんじん》の息《いき》は踵《かかと》を以《もつ》てし、衆人《しゆうじん》の息《いき》は喉《のど》を以《もつ》てす（『荘子《そうじ》　大宗師篇《だいそうし》』）**」**

真人、つまり道理をわきまえた人というのは、順境・逆境どんなときでも心を煩《わずら》わせることなく深い呼吸をする、というのです。

交感神経優位な時間が多すぎると疲れる一方だし、逆に副交感神経優位なばかりでもだらけて具合が良くない。自律神経のバランスをとりながら、のびやかに、ゆるやかに生きることが、これからの人生のポイントの一つと言えそうです。

46 君子は乱れない

陳《ちん》に在《いま》して糧《りょう》を絶《た》つ。従者《じゅうしゃ》病みて能《よ》く興《た》つこと莫《な》し。子路《しろ》慍《いか》って見《まみ》えて曰《い》わく、君子《くんし》も亦《ま》た窮《きゅう》すること有《あ》るか。子曰《しのたま》わく、

君子《くんし》固《もと》より窮《きゅう》す。小人《しょうじん》窮《きゅう》すれば斯《ここ》に濫《みだ》る。

（衛霊公《えいれいこう》第十五　二）

【訳】　先生の御一行は、衛《えい》を去って陳の国へ行かれた。そこで衛国の大夫に七日間囲まれて食糧がなくなり、供《とも》の者は飢えて起き上がることもできなくなった。子路がそんな理不尽な状況に腹を立て、「君子でも困窮することがあるのですか」と先生に言った。先生は言われた。「君子ももちろん困窮することはある。小人は困窮すると心が乱れてでたらめなことをするが、君子は乱れない。そこが君子と小人の違いだ」

困ったことがあっても乱れないのが君子

優れた人物だからといって、困った事態に陥ることがないわけではありません。さすがに孔子は的確です。君子か小人かの分かれ目は、困ったことがあったときに乱れるか、乱れないかだとしています。困った場面に遭遇したとき、この言葉を覚えておくと、気持ちを落ち着かせることができるのではないでしょうか。

また「困窮」は「ストレス」という言葉と言い換えてもいいですね。ストレスはいつでもある。でもストレスがあっても乱れない。それが君子的です。みなさんもこの言葉でストレスをコントロールしてください。

47「中庸」の徳は最上のもの

中庸《ちゅうよう》の徳《とく》たるや、其《そ》れ至《いた》れるかな。民《たみ》鮮《すく》なきこと久《ひさ》し。

（雍也《ようや》第六　二九）

【訳】　過不足なく極端に走らない。〈中庸〉の徳は、最上のものだね。けれども残念ながら、人々が中庸の徳を失って久しい。

何事もバランスよく

「中庸の徳」を孔子は「最上の徳」としています。たとえば勇気を考えても、ありすぎれば命を落とすかもしれないし、あまりになさすぎると臆病者の誹《そし》りを免《まぬか》れません。やさしさもそうです。行き過ぎると甘さになり、足りないと自分のことしか考えない身勝手な人だと思われます。

「自分のなかの中庸」を見極める

その「ちょうどいいところ」を見つけるのは、意外と難しいものです。ただ前にも述べたように、年をとって経験が豊富になるにつれ、「自分はこの辺がちょうどいいポイントだな」というのが何となくわかるようになってきます。

たとえば酒量だとこのくらい、睡眠時間はこのくらい、運動量はこのくらい、連れ合いや子どもに文句を言うのはこのくらい……いろんな場面で「自分のなかの中庸」を見極めていくといいでしょう。

気を養って長生きを目指す

とりわけ健康については、中高年になると気がかりなことが増えるものです。江戸時代の学者・貝原益軒《かいばらえきけん》は『養生訓《ようじょうくん》』のなかで次のように言っていますが、それも「中庸」に通じるものです。参考までに、紹介しておきましょう。

「人《ひと》の身《み》は、気《き》を以《もっ》て生《せい》の源《みなもと》、命《いのち》の主《あるじ》とす。故養生《ゆえにようじょう》をよくする人《ひと》は、常《つね》に元気《げんき》を惜《お》しみてへらさず。静《しずか》にしては元気《げんき》をたもち、動《うご》ゐ《い》ては元気《げんき》をめぐらす。たもつとめぐらすと、二《ふたつ》の者《もの》そなはら《わ》ざれば、気《き》を養《やしな》ひ《い》がたし。動静其時《どうせいそのとき》を失《うしな》は《わ》ず。是気《これき》を養《やしな》ふ《う》のみちなり（巻二　総論下44）」

リタイア後の生活は、どうしても運動不足になりがちですが、かといって若いときのような体力もありません。そこは「自分にとってちょうどいいところ」を見極めて、時に応じて動と静を取り入れる。それが気を養って長生きをする秘訣とも言えるでしょう。

『養生訓』にはほかにも、食後は歩くなど、「健康に長生きする」ための中庸を知る手がかりになることがたくさん書かれていますので、ぜひ読んでみてください。

48 いつか認められるように自分を磨き続ける

君子《くんし》は世《よ》を没《お》えて

名《な》の称《しょう》せられざることを疾《にく》む。

【訳】 君子は名声を得るために生きるのではない。ただし、生涯世にその名を賞賛されないことを恥とする。いつか真価が認められるよう、自分を磨き続ける。

（衛霊公《えいれいこう》第十五 二〇）

「後世に名を残す」気構えで生きる

「虎は死して皮を留《とど》め、人は死して名を残す」という言葉があります。孔子が言っているのはそういうこと。大事なのは生きている間にやったことが、自分が死んだ後も何らかの形で残るように「心がける」ことです。

生きている間に地位や名声を求めるのとはちょっと違って、そんな個としての幸せよりももっと大きなものに開かれた感覚と捉えるとよいと思います。

無名であってもプロジェクトの一員としての誇りをもつ

いまの時代は「死んで名を残す」と言われても、あまりピンとこないかもしれません。でも名を残すことが重要なのではありません。

無名の戦士と言いますか、たとえばNHKがかつて放映し人気を博した『プロジェクトX』のような世界をイメージしてみてください。あの番組で紹介されたのは、国家や企業が成し遂げた一大プロジェクトに携わった大勢の無名の人々でした。一人ひとりの名前は残らないかもしれませんが、みなさん、後世に残るプロジェクトに関わった一員としての誇りをもって仕事をしていたと思います。それが「後世に名を残す」ことでもあるのです。

死んだ後のことまで考えるスケールで生きる

もう一つ、例をあげると、黒澤明《くろさわあきら》監督が映画『生きる』で描いた世界もそうです。市役所に勤める主人公が胃ガンになり、余命いくばくもないとなって、人生の意味を見失ってしまいます。彼は役所を無断欠勤して夜の町をさまよい、一時は放蕩《ほうとう》に身を預けますが、むなしさだけが募ります。そんなとき、役所を辞めて玩具工場に転職することにした部下の女性に行きあいます。その彼女とつき合ううち、玩具を見せられ、「あなたも何かつくってみたら」と言われた、その言葉がきっかけになって、役所に復帰。住民の要望だった公園をつくろうと、反対する上司に粘り強く働きかけ、ついに完成させたのでした。彼はその公園のブランコに揺られながら息を引き取ったのですが、死して公園を残したのでした。

仕事には多かれ少なかれ、世のため人のために資する部分がありますから、映画の彼のように誰もが「死して何かを残す」という気構えをもって仕事をすることはできるはずです。人生の後半にさしかかったら、そろそろ自分が死んだ後のことまで考えるくらいのスケールで生きていきたいものです。

49 「恭寛信敏恵」の五つを世に行なうことが「仁」

（陽貨《ようか》第十七　六）

孔子《こうし》曰《のたま》わく、

能《よ》く五《いつ》つの者《もの》を天下《てんか》に行《おこ》なうを仁《じん》と為《な》す。

これを請《こ》い問《と》う。曰《のたま》わく、

恭《きよう》寛《かん》信《しん》敏《びん》恵《けい》なり。

恭《きよう》なれば則《すなわ》ち侮《あなど》られず、寛《かん》なれば則《すなわ》ち衆《しゅう》を得《え》、

信《しん》なれば則《すなわ》ち人《ひと》任《にん》じ、敏《びん》なれば則《すなわ》ち功《こう》あり、

恵《けい》なれば則《すなわ》ち以《もっ》て人《ひと》を使《つか》うに足《た》る。

【訳】　先生は言われた。

「五つのことを世に行なうことができれば、それが仁と言えるね」

子張がその五つは何かとおたずねすると、こう言われた。

「恭・寛・信・敏・恵だ。〈恭〉、つまり慎み深ければ、人から侮られることはない。〈寛〉、つまり人に寛容で心が広ければ、人々の心を得られる。〈信〉、つまり言行が一致していれば、人から信用されて仕事を任される。〈敏〉、つまり機敏に実行すれば功績があがる。〈恵〉、つまり他人に財を分け与えるなら、うまく人を使うことができる」

仁を為す五つのことを実践する

『論語』では、門弟たちが「仁」とは何かを問う場面が、たくさん出てきます。前のところにもいくつかありましたし、「述而《じゅつじ》第七　二九」では、**「我《わ》れ仁《じん》を欲《ほっ》すれば、斯《ここ》に仁《じん》至《いた》る」**とも言っています。つまり、「仁は求めれば、そこにある」とし、自分が仁であるかどうかを意識して行動することの大切さを強調しています。

一貫して孔子が言っているのは、仁というのは頭でわかっているだけではなく、行動に反映されなければダメだということです。

ここでは「恭・寛・信・敏・恵」の五つを実践できれば仁だ、というふうに表現されています。

「恭・寛・信・敏・恵」のレーダーチャートをつくる

私たち日本人は漢字文化圏にいるおかげで、漢字一文字を見ただけで、その意味するところがイメージできます。それはすばらしいこと。この五文字については、手帳などに書いておいて、暇があれば見返しながら意識するといいでしょう。

また「恭・寛・信・敏・恵」の各文字を五角形の頂点にしたレーダーチャートのようなも

のをつくり、自分のそれぞれの徳に関する習熟度を十点法とか百点法で評価して、グラフ化するのもおもしろいかと思います。

その五角形のいびつさを修正しながら、大きくなっていくように日々努めれば、自分がどれだけ仁に近づいたかがチェックできます。

50 君子には九つの思うことがある

孔子《こうし》曰《のたま》わく、

君子《くんし》に九思《きゅうし》あり。

視《み》るには明《めい》を思《おも》い、聴《き》くには聡《そう》を思《おも》い、

色《いろ》には温《おん》を思《おも》い、貌《かたち》には恭《きょう》を思《おも》い、

言《げん》には忠《ちゅう》を思《おも》い、事《こと》には敬《けい》を思《おも》い、

疑《うたが》わしきには問《と》いを思《おも》い、忿《いか》りには難《なん》を思《おも》い、

得《う》るを見《み》ては義《ぎ》を思《おも》う。

（季氏《きし》第十六　一〇）

【訳】　君子には九つの思いがある。見るときには〈明〉、はっきり見る。聴くときには〈聡〉、もれなく聞く。顔つきは〈温〉、おだやかに。姿・態度については〈恭〉、うやうやしく控えめに。言葉については〈忠〉、誠実に。仕事には〈敬〉、慎重に。疑わしいことには〈問〉、問うて、疑問を残さない。怒るときには〈難〉、その後のめんどうにならないように。利得を目の前にしたときは〈義〉、公正な道義を思う。

君子は意識の賜物

「ここに君子像、極まれり」といったところでしょうか。孔子は状況や感情に応じて九つのポイントを押さえて、スパッと言っています。

ここで重要なのは「思う」という表現。「心がけたい」とか「意識したい」ということを意味します。

言ってみれば「君子の心得九カ条」で、これら一つひとつのことを意識して実践し、習慣化している人が君子だということです。その意味では、君子は意識の賜物《たまもの》であるという見方もできます。

ただ、すべてをいっぺんにできるようになろうとすると、ちょっと難しいですよね。たとえば「今日はこれを意識しよう」「今月はこれ」「今年はこれ」といった具合に、目標を一つか二つに絞り、期間を決めて意識するようにすると、もう少し手軽に取り組めるのではないかと思います。

九つのなかでも中高年の方が最優先するべきは、「貌《かたち》」でしょうか。いつも穏やかな表情を保ち、物腰柔らかく人と接することを習慣化できれば、間違いなく周囲の人から愛される君子になれると思います。

みなさんもぜひ君子たることを目標に、これら九つのポイントを意識して後半生の日々を
心豊かに過ごしてください。

付章 人生をより豊かにする『論語』のことば プラス50

ここまで『論語』にある五十の言葉を、おもに「後半生をいかに生きるべきか」に沿って解説してきましたが、ほかにもいい言葉はたくさんあります。

プラス五十個、六十代のあなたにとって支えとなる珠玉《しゅぎょく》の言葉を、「こんなときに効く」という場面別に紹介しましょう。

無為な一日が過ぎていくとき

51

学《まな》びて時《とき》にこれを習《なら》う、亦《ま》た説《よろこ》ばしからずや。朋《とも》あり、遠方《えんぽう》より来《き》たる、亦《ま》た楽《たの》しからずや。人《ひと》知《し》らずして慍《うら》みず、亦《ま》た君子《くんし》ならずや。

（学而第一《がくじ》 一）

【訳】 学び続け、常に復習すれば知識が身につき、いつでも活用できるようになる。実にうれしいことではないか。自分を思い出して友人が遠くから訪ねてきてくれる。実に楽しいことではないか。世の中の人が自分のことを評価してくれなくても、怒《いか》ったりうらんだりしない。それが君子というものだ。

【コメント】 学ぶことを喜びとすれば、暇を感じる暇もなくなります。

52

これを知《し》る者《もの》はこれを好《この》む者《もの》に如《し》かず。これを好《この》む者《もの》はこれを楽《たの》しむ者《もの》に如《し》かず。

（雍也《ようや》第六　二〇）

【訳】　学ぶことにおいて、知っているだけでは好むには及ばない。また、学問を好む者は、学問を楽しむ者には及ばない。

【コメント】　趣味でも仕事でも、ちょっと難しいことに挑戦しましょう。きっと「楽しむ」レベルに到達できます。

53

君子《くんし》は上達《じょうたつ》す。小人《しょうじん》は下達《かたつ》す。

（憲問《けんもん》第十四　二四）

【訳】　君子は上へ上へ、小人は下へ下へと達する。つまり、君子は高尚なことや重要なことがわかっていて、小人はどうでもいいことに詳しい。

【コメント】　死ぬまで向上心を失わず。これが君子の生き方の軸です。

54

力《ちから》足《た》らざる者《もの》は中道《ちゅうどう》にして廃《はい》す。今女《いまなんじ》は画《かぎ》れり。

（雍也《ようや》第六　一二）

【訳】　本当に力が足りない者は、やれるだけやって途中で力尽きてやめることになるはずだ。しかし、おまえはまだ全力を尽くしていない。今おまえは、自分で自分の限界をあらかじめ設定して、やらない言い訳をしている。

【コメント】　何かにつけて「もうトシだから」を言い訳に、挑戦する前にあきらめていませんか？

55

忠信《ちゅうしん》を主《しゅ》とし、己《おの》れに如《し》かざる者《もの》を友《とも》とすること無《な》かれ。

（子罕《しかん》第九　二五）

【訳】　内からわき出るまごころの〈忠〉と、うそをつかない〈信〉を、生き方の軸とし、自分より劣った者を友人にしないように。

【コメント】　向上心のある友人は、平板な日々の刺激剤になってくれます。

56

如之何《いかん》、如之何《いかん》と曰《い》わざる者《もの》は、吾《わ》れ如之何《いかん》ともすること末《な》きのみ。

（衛霊公《えいれいこう》第十五　一六）

【訳】　「これをどうすればよいか、これをどうすればよいか」と懸命に考えて問うてこない者は、私とてもどうすることもできない。

【コメント】　何事につけ「もうこれでよし」とするところはありません。

57

小子《しようし》、何《なん》ぞ夫《か》の詩《し》を学《まな》ぶこと莫《な》きや。詩《し》は以《もつ》て興《お》こすべく、以《もつ》て観《み》るべく、以《もつ》て群《むれ》すべく、以《もつ》て怨《うら》むべし。邇《ちか》くは父《ちち》に事《つか》え、遠《とお》くは君《きみ》に事《つか》え、多《おお》く鳥獣草木《ちようじゆうそうもく》の名《な》を識《し》る。

（陽貨《ようか》第十七　九）

【訳】おまえたちは、どうしてあの「詩三百篇」を学ばないのか。詩を朗誦《ろうしよう》すると、志や感情が高められ、物事を観る目が養われ、人とうまくやっていけるし、怨むことがあっても怒りにまかせず処せるようになる。近くは父に仕え、遠くは国君に仕えるのにも役立つ。しかも、鳥獣草木の名前をたくさん識ることもできる。

【コメント】今からでも遅くはありません。孔子の「詩三百篇」に当たる、人生の基本テキストを持ちましょう。

たいていのことはわかった気になっているとき

58

吾《わ》れ知《し》ること有《あ》らんや、知《し》ること無《な》きなり。鄙《ひ》夫《ふ》あり、来《き》たって我《わ》れに問《と》う、空《こう》空《こう》如《じょ》たり。我《わ》れ其《そ》の両端《りようたん》を叩《たた》いて竭《つ》くす。

（子罕《しかん》第九　八）

【訳】　人は私のことをもの知りだと思っているようだが、それほどではない。ただこんなことはあった。あまりものを知らない人が私に質問しに来てまじめな態度だったので、すみからすみまであれこれ教えた。こうしたことを見て、世の人にもの知りだと思われたのかもしれない。

【コメント】　孔子ほどの人が自分をもの知りではないと言っている、そこをよく噛《か》みしめてください。

59

学《まな》んで思《おも》わざれば則《すなわ》ち罔《くら》し。思《おも》うて学《まな》ばざれば則《すなわ》ち殆《あや》うし。

（為政《いせい》第二　一五）

【訳】　外からいくら知識や情報を得ても自分で考えなければ、物事は本当にはわからない。逆に自分で考えるだけで外から学ばなければ、独断的になってしまう危険がある。

【コメント】　学ぶこと・考えることを怠《おこた》ると、頭がどんどん硬くなります。

60

丘《きゅう》や幸《さいわ》いなり、苟《いやし》くも過《あやま》ちあれば、人必《ひとかなら》ずこれを知《し》る。

（述《じゅつ》而《じ》第七　三〇）

【訳】　私は幸せ者だね。もし私が過失を犯しても、誰かがきっと気づいて教えてくれるのだから。

【コメント】　過ちを指摘されて怒るようでは小人。人間の器が小さいと思われるし、自分自身の進歩もなくなります。

61

故《ふる》きを温《あたた》めて新《あたら》しきを知《し》る、以《もっ》て師《し》と為《な》るべし。

（為政《いせい》第二　一一）

【訳】　古き良きことに習熟し、新しいものの良さもわかる。そんな人は、師となる資格がある。

【コメント】　古典を知らなければ、教養を身につけたとは言えません。

62

学《がく》は及《およ》ばざるが如《ごと》くするも、猶《な》おこれを失《うしな》わんことを恐《おそ》る。

（泰伯《たいはく》第八　一七）

【訳】　学問は、際限なく追い求め、しかも学んだことを忘れてはいないかを恐れる、そんな心構えで勉《つと》めなくてはいけない。

【コメント】　せっかく学んだのに、忘れてしまっていることは多いものです。

63

これを知《し》るをこれを知《し》ると為《な》し、知《し》らざるを知《し》らずと為《な》せ。是《こ》れ知《し》るなり。

（為政《いせい》第二　一七）

【訳】　はっきりわかっていることだけを「知っている」とし、よく知らないことは「知らない」とする。このように「知っていること」と「知らないこと」の間に明確な境界線が引けることを、本当に「知っている」と言う。

【コメント】　いくつになっても知らないことはまだまだたくさんあります。

64

我《わ》れに数年《すうねん》を加《くわ》え、五十《ごじゅう》にして以《もっ》て易《えき》を学《まな》べば、大《だい》なる過《あやま》ち無《な》かるべし。

（述而《じゅつじ》第七　一六）

【訳】　私にあと数年の命が与えられて、学ぶことができるなら、大きな過ちもなく過ごせるようになるであろう。

【コメント】　学びは一生、なのです。

65

子貢《しこう》、人《ひと》を方《たくら》ぶ。子曰《しのたま》わく、賜《し》や、賢《けん》なるかな。夫《そ》れ我《わ》れは則《すなわ》ち暇《いとま》あらず。

（憲問《けんもん》第十四　三一）

【訳】子貢が人物の優劣を比較し、批評していた。先生は、「賜（子貢）は賢いんだね。私は自分の修養に忙しくて、とてもそんなことをしているひまはないがね」と遠回しに子貢を戒められた。

【コメント】これは孔子の強烈な皮肉。人の悪口を言うのは盛り上がるものですが、自分の品性を貶《おとし》めることにもなります。

66

蓋《けだ》し知《し》らずしてこれを作《つく》る者《もの》あらん。我《わ》れは是《こ》れ無《な》きなり。多《おお》く聞《き》きて其《そ》の善《よ》き者《もの》を択《えら》びてこれに従《したが》い、多《おお》く見《み》てこれを識《しる》すは、知《し》るの次《つ》ぎなり。

（述而《じゅつじ》第七　二七）

【訳】　本当に道理を知っているわけでもないのに勝手に創作する者がいるが、私はそんなことはしない。できるだけたくさん聞いてその中から善いものを選んで、それに従い、たくさん見て記憶しておくようにする。真に道理を知ることは難しいが、これならばできる。

【コメント】　生涯学び続けることは、従うべき道理の選択肢を増やすことなのです。

67

如《も》し周公《しゅうこう》の才《さい》の美《び》ありとも、驕《おご》り且《か》つ吝《やぶさ》かならしめば、其《そ》の余《よ》は観《み》るに足《た》らざるのみ。

（泰伯《たいはく》第八　一一）

【訳】もし、周公のようにすぐれた才能を持っている人がいたとしても、その人が驕り高ぶり、他の人の才能をにくむようなら、その人には大切な徳がない。その才能も評価する価値はない。

【コメント】能力が認められ、高い地位を得ていくと、人は慢心のワナにはまりがち。六十代こそこの言葉を胸に留めておきたいものです。

心が不安定なとき

68 富《とみ》にして求《もと》むべくんば、執鞭《しつべん》の士《し》と雖《いえ》ども、吾《わ》れ亦《ま》たこれを為《な》さん。如《も》し求《もと》むべからずんば、吾《わ》が好《この》む所《ところ》に従《したが》わん。

（述《じゅつ》而《じ》第七　一一）

【訳】　富は本来、天の計らいで得られるものであり、求めてもいたし方ないものだ。もし儲かるのなら、王が出入りするときの露払いのようなとるに足らない下働きでもしよう。しかし、富は求めてもしかたないものだ。ならば、私は好きな道を進んでいきたい。

【コメント】　求めてもなかなか得られない富に振り回されてはつまらない。

69

顔回《がんかい》なる者《もの》あり、学《がく》を好《この》む。怒《いか》りを遷《うつ》さず、過《あやま》ちを弐《ふた》たびせず。

(雍也《ようや》第六　三)

【訳】　顔回という者がいて、本当の学問好きだった。怒って八つ当たりすることも、同じ過ちを二度とすることもなかった。

【コメント】　年をとって怒りっぽくなるのはいかがなものでしょうか。学問で人格を整えていただきたいところです。

70

人《ひと》の生《い》くるは直《なお》し。これを罔《し》いて生《い》くるは、幸《さいわい》にして免《まぬが》るるなり。

(雍《よう》也《や》第六　一九)

【訳】　人が生きていくには、まっすぐであることが大切だ。このまっすぐさをなくしても生きていられるとすれば、それはたまたま助かっているだけのことだ。

【コメント】　悩みや問題は物事を複雑に考えるところから生じるもの。素直な自分に返って、仕切り直しをしましょう。

71

君子《くんし》は諸《こ》れを己《おの》れに求《もと》む。小人《しょうじん》は諸《こ》れを人《ひと》に求《もと》む。

（衛霊公《えいれいこう》第十五　二一）

【訳】　君子はどんなことがあろうと、その責任・原因を自分に求める。小人は他人に責任を転嫁する。

【コメント】　自分に起きた問題は、自分に原因を求めない限り、解決することはできません。

72

小人《しょうじん》の過《あやま》つや、必《かなら》ず文《かざ》る。

（子張《しちょう》第十九　八）

【訳】　小人は過失があると、決まって取り繕《つくろ》ってごまかそうとする。

【コメント】　問題が大きくなる原因は、ミスの隠蔽《いんぺい》にあることが多いですね。

73

人《ひと》にして遠《とお》き慮《おもんぱか》り無《な》ければ、必《かなら》ず近《ちか》き憂《うれ》い有《あ》り。

（衛霊公《えいれいこう》第十五　一二）

【訳】　人として、遠くまで見通しての配慮がなければ、きっと身近なところで心配事が起こる。

【コメント】　先へ先へと手を打てば、心配事を減らすことができます。

74

巧言《こうげん》は徳《とく》を乱《みだ》る。小《しょう》、忍《しの》びざれば、則《すなわ》ち大謀《たいぼう》を乱《みだ》る。

（衛霊公《えいれいこう》第十五　二七）

【訳】　口車に乗せられると、善悪があいまいになり、徳が乱される。小さなことにむきになると、大事を成し遂げられない。

【コメント】　人の言うことにいちいち反応すると、右往左往するハメに陥ります。どっしり構えて、落ち着いて事に当たりましょう。

75

其《そ》の位《くらい》に在《あ》らざれば、其《そ》の政《まつりごと》を謀《はか》らず。

（泰伯《たいはく》第八　一四）

【訳】　自分がその地位、役職にないのであれば、その仕事には口出ししないことだ。分限を守ることが大切である。

【コメント】　引退したら、若手に任せるべきは任せたほうがいいでしょう。年をとって口出しばかりしていると、「老害」と言われかねません。

76

知者《ちしや》は惑《まど》わず、仁者《じんしや》は憂《うれ》えず、勇者《ゆうしや》は懼《おそ》れず。

（子罕《しかん》第九　三〇）

【訳】 知者は迷いがない。人格の優れた仁者は憂いがない。勇者はおそれがない。

【コメント】「知仁勇」と覚えて、目標にしてください。

77

内《うち》に省《かえり》みて疚《やま》しからずんば、夫《そ》れ何《なに》をか憂《うれ》え何《なに》をか懼《おそ》れん。

（顔淵《がんえん》第十二　四）

【訳】 自分の心を省みて、何もやましいことがないなら、憂え、おそれることはなにもないのだ。

【コメント】 やましいことがあるから、「見透《みす》かされたらどうしよう」と心配になるのです。そこを自らに問うてみてください。

78
君子《くんし》は貞《てい》にして諒《りょう》ならず。

（衛霊公《えいれいこう》第十五　三七）

【訳】君子は筋《すじ》を通すが、馬鹿正直に小さなことにこだわりはしない。

【コメント】筋を通すガンコさはあっていいけれど、細かなことにはこだわらずゆったりと構えましょう。

人間関係がうまくいかないとき

79
利《り》に放《よ》りて行《おこ》なえば、怨《うら》み多《おお》し。

（里仁《りじん》第四　一二）

【訳】自分の利益ばかり考えて行動していると、人から怨まれることが多くなる。

【コメント】いつまでも私利私欲にしがみついていると〝欲ボケ〟になります。

80

直《なお》きを挙《あ》げて諸《こ》れを枉《まが》れるに錯《お》けば、能《よ》く枉《まが》れる者《もの》をして直《なお》からしめん。

(顔淵《がんえん》第十二　二二)

【訳】　心のまっすぐな者を上におけば、心の曲がった者もまっすぐになる、ということだよ。

【コメント】　若手を生かすも殺すも年長者しだいなのです。

81

君子《くんし》は和《わ》して同《どう》ぜず、小人《しょうじん》は同《どう》じて和《わ》せず。

(子路《しろ》第十三　二三)

【訳】　君子は人と和合・協調するが、やたらとつるみはしない。反対に、小人はよく人とつるむが、協調性はない。

【コメント】　つき合う友だちは心の距離が近い人がいいですね。

82

君子《くんし》にして不仁《ふじん》なる者《もの》あらんか。未《いま》だ小人《しょうじん》にして仁《じん》なる者《もの》あらざるなり。

（憲問《けんもん》第十四　七）

【訳】　君子であっても〈仁〉でない人はいるだろう。だが、小人なのに仁者だという人はいない。

【コメント】　思いやりのない人はしょせん小人と心得ましょう。

83

君子《くんし》は敬《けい》して失《しつ》なく、人《ひと》と恭《うや》しくして礼《れい》あらば、四海《しかい》の内《うち》は皆《み》な兄弟《けいてい》たり。君子《くんし》何《なん》ぞ兄弟《けいてい》なきを患《うれ》えんや。

（顔淵《がんえん》第十二　五）

【訳】　君子たるものは、慎み深く落度なく、人とはていねいに礼を守ってつき合う。そうすれば、世界中の人は皆兄弟となる。たとえ実の兄弟がいなくても悲しまなくてもよい。

【コメント】「礼」とは、人間関係上の最低限のルール。人を傷つけたり、人から怨みを買ったりしないようにするための〝予防薬〟になります。

84

徳《とく》は孤《こ》ならず。必《かなら》ず鄰《となり》あり。

（里仁《りじん》第四　二五）

【訳】〈徳〉にはいろいろあるが、ばらばらに孤立してはいない。一つを身につければ、必ず隣り合わせにある徳もついてくる。徳のある人は孤立せず、その人を慕って人が集まる。

【コメント】徳のある人とつき合えば、感化されて自分の徳も磨かれます。

85

益《えき》者《しや》三《さん》友《ゆう》、損《そん》者《しや》三《さん》友《ゆう》。
直《なお》きを友《とも》とし、諒《まこと》を友《とも》とし、多《た》聞《ぶん》を友《とも》とするは、益《えき》なり。
便《べん》辟《ぺき》を友《とも》とし、善《ぜん》柔《じゆう》を友《とも》とし、便《べん》佞《ねい》を友《とも》とするは、損《そん》なり。

（季《き》氏《し》第十六　四）

【訳】　有益な友に三種、有害な友に三種ある。人間のまっすぐな〈直《ちよく》〉なる友、誠実な友、知識のある〈多聞《たぶん》〉の友は有益だ。反対に、まっすぐなものを言わないで追従する友、裏表があって誠実でない友、口ばかりうまい友は有害だ。

【コメント】　限りある人生だからこそ、友だちは選んで、つき合いましょう。

86

君子《くんし》に三畏《さんい》あり。天命《てんめい》を畏《おそ》れ、大人《たいじん》を畏《おそ》れ、聖人《せいじん》の言《げん》を畏《おそ》る。小人《しょうじん》は天命《てんめい》を知《し》らずして畏《おそ》れず、大人《たいじん》に狎《な》れ、聖人《せいじん》の言《げん》を侮《あなど》る。

（季氏《きし》第十六　八）

【訳】　君子には畏れ敬うことが三つある。天命を畏れ、人格のすぐれた年長者を敬い、聖人の言を畏れ敬う。小人は天命を知らないからこれを畏れず、すぐれた年長者になれなれしくして、聖人の言をあなどる。

【コメント】　優れた人はいくつになっても、「敬意でつながる人間関係」を大事にしているものです。

君子的長老を目指す

87 群居《ぐんきょ》して終日《しゅうじつ》、言義《げんぎ》に及《およ》ばず、好《この》んで小慧《しょうけい》を行《おこ》なう。難《かた》いかな。

（衛霊公《えいれいこう》第十五　一七）

【訳】　一日中群れて雑談しているのに、話が道義のことには及ばず、好んで浅知恵を働かせているようでは、君子となるのは難しい。

【コメント】　〝与太話〟はほどほどに。

88 性《せい》、相《あ》い近《ちか》し。習《なら》えば、相《あ》い遠《とお》し。

（陽貨《ようか》第十七　二）

【訳】　人は生まれたときには互いに似ていて差はない。しかし、学ぶか学ばないかによって善にも悪にもなり、差が広がって互いに遠くへだたる。

【コメント】　よく学び、いい年のとり方をしたいものです。いっそう励みましょう。

89
女《なんじ》、君子《くんし》の儒《じゅ》と為《な》れ。小人《しょうじん》の儒《じゅ》となること無《な》かれ。

（雍也《ようや》第六　一三）

【訳】おまえは、自分の人格を磨く君子たる学者になりなさい。単に知識を誇り有名になりたがるだけの小人的な学者になってはいけない。

【コメント】学者ならずとも、有名になることより人格を磨くことが大切です。

90
士《し》にして居《きよ》を懐《おも》うは、以《もっ》て士《し》と為《な》すに足《た》らず。

（憲問《けんもん》第十四　三）

【訳】士人であるのに、生活の安楽さばかり求めているような人は、〈士〉とは言えないね。

【コメント】年をとってなお欲深いのは、あまりかっこうの良いものではありません。

91

已《や》んぬるかな。吾《わ》れ未《いま》だ徳《とく》を好《この》むこと色《いろ》を好《この》むが如《ごと》くする者《もの》を見《み》ざるなり。

（衛霊公《えいれいこう》第十五　一三）

【訳】　もはやダメだなあ。私は美人を好むように徳を好む人に出会ったことがないよ。

【コメント】　若いころであれば異性に傾ける情熱も大切でしょうが、そろそろその情熱は徳の修養に回したいものです。

92

巧《こう》言《げん》令《れい》色《しょく》、鮮《すく》なし仁《じん》。

（学而《がくじ》第一　三）

【訳】　口ばかりうまくて、外見を善人らしく取り繕う者には、ほとんど〈仁〉はないものだ。

【コメント】　年をとればとるほど、「中身で勝負」です。

93

論《ろん》の篤《あつ》きに是《こ》れ与《くみ》すれば、君子者《くんししや》か、色荘者《しきそうしや》か。

（先進《せんしん》第十一　二一）

【訳】　言論がもっともだというだけで評価しても、その人が本当に言行一致の君子なのか、口だけの人間なのかはわからない。

【コメント】　実行がともなわなければ立派な人物とは言えません。

94

其《そ》の身《み》正《ただ》しければ、令《れい》せざれども行《おこ》なわる。其《そ》の身《み》正《ただ》しからざれば、令《れい》すと雖《いえ》ども従《したが》わず。

（子路《しろ》第十三　六）

【訳】　上に立つ者が身を正していれば、命令するまでもなく民は自然に従い、物事は行われる。反対に、その身が正しくなければ、命令しても人は従わない。

【コメント】　黙っていても人がついてくる、そんな人物を目指しましょう。

95

苟《まこと》に仁《じん》に志《こころざ》せば、悪《あ》しきこと無《な》し。

（里仁《りじん》第四　四）

【訳】　本気で〈仁〉の徳を身につけようと志す者は、決して悪事を働かない。

【コメント】　前を向いて歩き続ければ、悪いものは去っていきます。

96

君子《くんし》は泰《ゆたか》にして驕《おご》らず、小人《しょうじん》は驕《おご》りて泰《ゆたか》ならず。

（子路《しろ》第十三　二六）

【訳】　君子は落ち着いてゆったりとしているが、高慢ではない。小人はその反対で、高慢で、ゆったりとはしていない。

【コメント】　何があっても泰然自若《たいぜんじじゃく》としていて、しかも威張り散らさない長老は、周囲に尊敬され、慕われます。

97

君子《くんし》は義《ぎ》に喩《さと》り、小人《しょうじん》は利《り》に喩《さと》る。

（里仁《りじん》第四　一六）

【訳】 君子は、物事の道理である〈義〉がわかっている。小人は損得がわかっている。

【コメント】 年齢を重ねるごとに、自分の「利」よりも「義」を重くしたいものです。

98

君子《くんし》は言《げん》に訥《とつ》にして、行《こう》に敏《びん》ならんと欲《ほっ》す。

（里仁《りじん》第四　二四）

【訳】 軽々しいことを言わず、やるべきことはすばやく行なう。そういう君子でありたい。

【コメント】 昔の日本人が好んだ「不言実行」に近い感じですね。

99

利《り》を見《み》ては義《ぎ》を思《おも》い、危《あや》うきを見《み》ては命《いのち》を授《さず》く、久要《きゅうよう》、平生《へいぜい》の言《げん》を忘《わす》れざる、亦《ま》た以《もつ》て成人《せいじん》と為《な》すべし。

（憲問《けんもん》第十四　一三）

【訳】　利益を目の前にしても〈義〉（道義・正義）を最優先して考え、危機のときは一命をささげ、昔の約束を忘れずに果たすならば、それもまた〈成人〉（人格の完成された人）と言っていいだろう。

【コメント】　この資質プラス、幅広い教養があれば、立派な人物、君子として尊敬されるでしょう。

100

己《おの》れを克《せ》めて礼《れい》に復《かえ》るを仁《じん》と為《な》す。一日《いちにち》己《おの》れを克《せ》めて礼《れい》に復《かえ》れば、天下《てんか》仁《じん》に帰《き》す。仁《じん》を為《な》すこと己《おの》れに由《よ》る。而《しか》して人《ひと》に由《よ》らんや。（中略）

礼《れい》に非《あら》ざれば視《み》ること勿《な》かれ、礼《れい》に非《あら》ざれば聴《き》くこと勿《な》かれ、礼《れい》に非《あら》ざれば言《い》うこと勿《な》かれ、礼《れい》に非《あら》ざれば動《うご》くこと勿《な》かれ。

（顔淵《がんえん》第十二　一）

【訳】　自分の欲に克《か》ち、〈礼〉に復《かえ》る「克己復礼《こっきふくれい》」が〈仁〉ということだ。一日でもそれが実践できれば、世の中の人もこれを見習い、仁に目覚めるだろう。仁を行えるかどうかは自分しだいだ。人に頼ってできるものではない。具体的には、礼に外れたことは、見ず、聞かず、言わず、せず、ということだ。

【コメント】 一人ひとりの心がけがより良い社会を形成します。次世代のためにも、まず自分が率先して仁を実践してみてください。

六十代だからこそ生きる『論語』がある。

そう考えて『論語』の中から言葉を選んだ。六十代の『論語』の読み方は、さまざまありうるが、私は「君子を目指す」という軸を立ててみた。孔子その人になろうとするのはさすがにおこがましくとも、孔子の言う「君子的人物」に近づこうとするのは、『論語』の読み方として王道と言える。

秩序の混乱した春秋戦国時代に、礼と秩序の政治を理想に掲げ、仁徳によって治める徳治政治を孔子は提唱した。しかし、政治家としての活躍は短期間に終わり、十四年間の長い亡命放浪生活を送った。弟子のなかで最も愛した顔回と子路に先立たれるという絶望も味わった。

六十代の方々には、ぜひとも孔子の人生に思いを馳せながら、『論語』の言葉を、孔子の肉声として聴き、心に刻んでほしい。一言でも座右の銘としたい言葉を見つけていただければ、孔子の拙《つたな》い伝令としての役割を果たしたことになる。

理想に燃えつつも、常に現実主義者であり続けた孔子。弟子たちに、「私は何も君たちに隠すものなどない」と親しく接し、時に厳しく叱責した孔子。

六十代であればこそ、弟子たちにではなく、孔子の立場に自らの身を置いて『論語』を読むこともできる。

人生の季節によって、『論語』は姿を変えてあらわれる。

人生を充実して生きるとはどういうことなのか。志とは。仁とは。信とは。義とは。こうした根源的な問いを提示したことこそ、孔子の偉業だ。

その答えは私たち一人ひとりが、自分の人生経験に照らして考えるべきものだ。孔子は考えるヒントも与えてくれている。

人間孔子については、白川静『孔子伝』、下村《しもむら》湖《こ》人《じん》『論語物語』、和《わ》辻《つじ》哲《てつ》郎《ろう》『孔子』、貝塚《かいづか》茂《しげ》樹《き》『孔子』など先学の名著を参照されたい。

この本が六十代からの人生の意味を豊かにすることに、多少とも役立てればうれしい。

令和三年十月七日

齋藤 孝

本書の『論語』の書き下し文は、金谷治訳注『論語』（岩波文庫）を底本としています。

一部文字遣いや語句については変更した箇所があります。

切りとり線

★読者のみなさまにお願い

この本をお読みになって、どんな感想をお持ちでしょうか。祥伝社のホームページから書評をお送りいただけたら、ありがたく存じます。今後の企画の参考にさせていただきます。また、次ページの原稿用紙を切り取り、左記まで郵送していただいても結構です。

お寄せいただいた書評は、ご了解のうえ新聞・雑誌などを通じて紹介させていただくこともあります。採用の場合は、特製図書カードを差しあげます。

なお、ご記入いただいたお名前、ご住所、ご連絡先等は、書評紹介の事前了解、謝礼のお届け以外の目的で利用することはありません。また、それらの情報を6カ月を越えて保管することもありません。

〒101-8701（お手紙は郵便番号だけで届きます）
祥伝社　新書編集部
電話03（3265）2310
祥伝社ブックレビュー　www.shodensha.co.jp/bookreview

★本書の購買動機（媒体名、あるいは○をつけてください）

＿＿＿新聞の広告を見て	＿＿＿誌の広告を見て	＿＿＿の書評を見て	＿＿＿の Web を見て	書店で見かけて	知人のすすめで

★100字書評……60代の論語

名前
住所
年齢
職業

齋藤 孝　さいとう・たかし

明治大学文学部教授。1960年、静岡県生まれ。東京大学法学部卒業。同大学院教育学研究科博士課程等を経て、現職。専門は教育学、身体論、コミュニケーション論。著書に『声に出して読みたい日本語』(草思社 毎日出版文化賞特別賞受賞)、『身体感覚を取り戻す』(NHKブックス 新潮学芸賞受賞)、『最強の人生指南書』『最強の人生時間術』『最強の家訓』『潜在能力を引き出す「一瞬」をつかむ力』(以上祥伝社新書)など多数。訳書に『論語』(ちくま文庫)など。

60代《だい》の論語《ろんご》
——人生《じんせい》を豊《ゆた》かにする100の言葉《ことば》

齋藤《さいとう》 孝《たかし》

2021年11月10日　初版第1刷発行

発行者……………辻 浩明
発行所……………祥伝社《しょうでんしゃ》
〒101-8701　東京都千代田区神田神保町3-3
電話　03(3265)2081(販売部)
電話　03(3265)2310(編集部)
電話　03(3265)3622(業務部)
ホームページ　www.shodensha.co.jp

装丁者……………盛川和洋
印刷所……………萩原印刷
製本所……………ナショナル製本

Printed in Japan　ISBN978-4-396-11646-0　C0295

〈祥伝社新書〉
医学・健康の最新情報

190
発達障害に気づかない大人たち
ＡＤＨＤ、アスペルガー症候群、学習障害……全部まとめて、この１冊でわかる
福島学院大学教授
星野仁彦

307
肥満遺伝子 やせるために知っておくべきこと
太る人、太らない人を分けるものとは？ 肥満の新常識！
順天堂大学大学院教授
白澤卓二

314
「酵素」の謎 なぜ病気を防ぎ、寿命を延ばすのか
人間の寿命は、体内酵素の量で決まる。酵素栄養学の第一人者がやさしく説く
医師
鶴見隆史

319
本当は怖い「糖質制限」
糖尿病治療の権威が警告！ それでも、あなたは実行しますか？
医師
岡本 卓

356
睡眠と脳の科学
早朝に起きる時、一夜漬けで勉強をする時……など、効果的な睡眠法を紹介する
杏林大学医学部教授
古賀良彦

〈祥伝社新書〉
医学・健康の最新情報

404
科学的根拠にもとづく最新がん予防法
氾濫する情報に振り回されないでください。正しい予防法を伝える
国立がん研究センター がん予防・検診研究センター長
津金昌一郎

438
腸を鍛える 腸内細菌と腸内フローラ
腸内細菌と腸内フローラが人体に及ぼすしくみを解説、その実践法を紹介する
東京大学名誉教授
光岡知足

458
医者が自分の家族だけにすすめること
自分や家族が病気にかかった時に選ぶ治療法とは？ 本音で書いた50項目
医師
北條元治

572
「超・長寿」の秘密 110歳まで生きるには何が必要か
長寿のカギは遺伝子にある。「遺伝子が使われる」生活とは？
慶應義塾大学医学部教授
伊藤 裕

627
糖尿病が怖いので、最新情報を取材してみた
最新治療法から予防法まで、わかりやすく解説。西アズナブル氏のマンガつき！
堀江貴文 著
予防医療普及協会 監修